성장
문답

성장 문답

내 삶을 성장시키는 물음과 대답

세바시 엮음

SEBASI
BOOKS

세상의 질문에 귀 기울이다

'세상을 바꾸는 시간, 15분'(세바시)을 만들면서 얻은 귀한 인연들이 있습니다. 그 인연이란 바로 세바시 강연자들입니다. 그들은 우리 사회의 다양한 영역에서 자기만의 이야기를 만들어온 사람들입니다. 세바시는 그 이야기들 중 15분어치를 강연 영상이라는 형식에 담아낸 것뿐입니다. 세바시를 한창 만들어가는 즈음에 이런 의문이 들었습니다.

'이 멋진 분들이 단지 15분짜리 강연만 하고 마는 것은 아까운 일이 아닌가?'

그러던 어느 날, 새로운 프로그램을 기획하던 후배 PD가

내게 물었습니다. 그 물음이란 살면서 생기는 여러 가지 질문들이 많은데, 그 답을 해주는 프로그램이 어떠냐는 것이었습니다. 안 그래도 평소에 이런저런 삶의 문제로 질문을 많이 하는 후배였습니다. 솔직히 조금 귀찮을 정도로.

"너 같은 사람을 위한 프로그램이로구나. 좋네."
순간 대답은 건성으로 했지만, 잠시 뒤에 기막힌 생각이 떠올랐습니다. 세바시를 두고 해오던 고민이 풀리는 순간이었습니다. 세바시 강연자들이 시청자의 자기 성장에 관한 질문에 대해 자신만의 답을 '이야기'해주는 것. 단순하지만 목적도, 필요성도 명확한 기획이었습니다. 이 '바다'에서 17년을 일하면서 얻은 '촉'이 곤두섰다고 할까요? 결국 후배 PD를 도와 '성장문답'을 모바일 영상 콘텐츠로 제작하게 됐습니다.

이렇게 '성장문답'은 2014년 12월에 첫 답변을 세상에 풀어내기 시작했고, 시청자들의 반응은 기대 이상이었습니다. 불안과 걱정이 가득한 시대를 사는 사람들의 물음은 진지했고, 강연자들의 답은 보는 이들에게 큰 위안과 힘이 됐습니다. 세바시가 주지 못했던 성찰과 성장에 관한 살가운 '이야기'를 '성장문답'이 사람들과 나누게 됐습니다.

누군가의 질문이 '나'를 돌아보게 할 것이고, 조금 더 지혜로운 누군가의 답이 '나'만의 답을 찾는 실마리를 마련해줄 것입니다. 그렇게 삶의 다양하고 진솔한 물음과 답변을 쌓아가는 것이 '성장문답'을 두고 세바시가 계획한 여정입니다. 이 책은 그 첫걸음을 활자화한 것입니다.

이 책의 시작인 모바일 영상 콘텐츠 '성장문답'의 최초 기획자이자 연출자인 임지은 PD와 현재 '성장문답'을 열정적으로 만들고 있는 신동주 PD, 그리고 솔직한 물음을 주시고, 그 물음에 진심을 담은 답을 해주신 모든 분들이 이 책의 주인공입니다.

세바시팀 구범준 PD

질문하는 사람만이 성장한다

평소 저는 질문을 잘하는 편입니다. 남들이 듣기에 유치한 질문도 서슴지 않습니다. 지금까지 질문해서 손해 본 경험이 단 한 번도 없었다고 생각하기 때문입니다. 그래서 다음 두 가지 생각을 늘 품고 삽니다.

첫째, '이 세상에 하찮은 질문은 없다'는 것입니다. 남들 눈에 아무리 하찮게 보이는 질문이라도 우리가 그 질문 앞에 솔직해지기만 하면 우리는 성장할 수 있다고 생각합니다. 남들이 중요하다고 말하는 질문이 아니라, 우리를 궁금하게 하고 우리를 힘들게 하는 그 질문들이 우리를 성장시켜준다고 믿습니다.

둘째, '질문하는 사람만이 성장한다'는 것입니다. 질문하는 순간 우리가 감추려고 했던 두려움과 상처들이 드러나게 됩니다. 그러나 믿습니다. 그것과 맞서고 치유할 힘 역시 숨겨져 있고 질문과 함께 드러나리라는 것을 믿습니다.

'성장문답'에 용기 내서 질문을 보내주신 분들께 감사합니다. 세상의 질문을 던진 여러분 덕분에 한 사람의 인생을 바꿀 만한 답을 구할 수 있었고, 여러분 덕분에 우리 모두가 함께 성장할 수 있었습니다.

질문에 답해주시고 이 책이 나오기까지 많은 도움을 주신 강연자 분들께도 감사합니다. 여러분 덕분에 인생의 답을 얻은 많은 분들이 인생을 포기하는 대신, 오히려 지금 여기서, 성장해야겠다고 결심할 수 있었습니다.

감사합니다.

임지은 CBS PD ('성장문답' 최초 연출자)

차례

1장 마음, 나답게 산다는 게 뭘까

2장 결핍, 미움받을 용기가 없는 당신에게

마음,
나답게
산다는 게 뭘까

콤플렉스 때문에 힘든 당신이
반드시 들어야 할 대답

콤플렉스는 일종의 불안에서 오는 문제예요.

왜냐하면 본인도 알거든요. '제가 지금 생활고로 힘들어요' '저를 괴롭히는 친구가 있어요' 이런 게 아니잖아요. 자기 키가 작게 느껴져서 불안한 사람이 있다고 합시다. 키가 진짜 작은 사람이 그러면 콤플렉스인데, 아주 약간 작은 사람이 고민한다면 이건 불안, 강박의 일종이죠. 진짜 심하면 망상이고요.

그런데 자기가 이상한 걸 안다면 망상은 아니에요. 뭔가에 꽂힌 겁니다. 계속 괴로운 게 아니라 어느 순간 키 큰 사람을 보거나 그런 상황이 있을 거예요. 혼자 있을 때는 괜찮을 거고 뭔가 자기 키가 더 느껴지는 상황에서 불안이 치밀어 오르면서 괴로운 거거든요. 그러면 이 불안을 어떻게 다룰 거냐가 문제입니다.

예를 들어 '172센티미터도 작은 키는 아니야. 만족하면서 살자' 이렇게 생각하는 건 별 도움이 안 됩니다. 그게 도움이 되었다면 지금 이 문제가 생기지도 않았겠죠. 논리의 문제가 아니라 감정의 문제거든요. 그런 생각이 왔을 때 불안이 밀려오면서 논리와 감정이 부딪히니까 점점 걱정의 힘이 커집니다. 이런 걱정에 잘 대처하는 방법 중 하나가 일명 '되치기'입니다.

•

걱정과 맞서 싸우면 안 됩니다. 씨름에 '되치기'라는 기술이 있어요. 키 작은 사람이 키 큰 선수와 싸울 때, 맞서 싸우는 게 아니라 휙 빼갖고 던지는 기술이에요. 불안에는 그게 아주 효과적이에요.

구체적인 팁을 드려볼게요. 자신의 머리를 네모난 방으로 생각하는 건데, 그 네모난 방의 면이 다 뚫려 있는 거예요. 뚫려 있는 어떤 상자 또는 공간이 다 뚫려 있는 방이 하나 있다고 생각합시다. 이분한텐 갑자기 어떤 상황에서 '난 너무 키가 작아'라는 생각이 떠오를 거예요. 그러면 보나마나 이분은 그 생각을 억눌러서 없애려고 할 거예요. 이제는 그렇게 하지 마시고 그 생각을 그냥 놔두는 겁니다. 이걸 언어로 하면 더 어렵거든요. 그래서 요즘은 '이미지 치료'라고 해서 이미지로 상상하면서 마음을 관리하는데, 그 방법이 꽤 효율적입니다.

내 뇌가 뻥 뚫린 공간인데, 내가 콤플렉스라고 여기는 생각이 '뿅' 하고 들어오면 이것에 내가 반응하지 않는 거예요. 그 생각과 씨름을 해서 엎드러뜨리려고 하는 게 아니라 되치기 기술처럼 슬쩍 피하는 겁니다. 그러면 이것이 들락날락하면서 협박을 시작합니다. '너는 키가 작으니까 인기가 없을 거다' 같은 자기 협박이 불안이에요. 그런데 협박은 협박을 받는 쪽에서 반응을 하지 않으면 흐물흐물해지고, 같이 싸우면 더 커지는 경향이 있어요. 같이 싸우면 싸움이 커지죠. 그러니까 맞서 싸우지 말고 그냥 내버려두고 보기만 하세요. '그래, 생각아. 고마워. 내 키 작지? 내 키 작은 거에 대해서 네가 고민해준 건 고마운데 그래도 난 오늘 내 삶을 열심히 살겠어.' 이런 식으로 반응을 보이라는 거죠. 거기다가 에너지를 주지 않는 겁니다.

강박이라는 건 이런 생각들에 나도 모르게 에너지를 계속 주다 보니까 그 생각이 점점 커지고 힘이 세져서 내 인생의 중요한 부분이 되어 있는 겁니다. 그래서 아마 이분은 키 말고도 여러 가지 걱정거리가 많을 수 있어요. 불안이 많은 사람이 나쁜 사람은 아닙니다.

●

불안 자체는 매우 정상적인 신호예요. 불안이 하는 일은 위기관리를 잘

성장문답

하게 하고, 완벽주의와도 연관돼 있습니다. 너무 완벽해지고 싶은 마음 때문에 자신을 괴롭혀서 문제지, 나쁜 건 없지요.

단지 그것이 조금 지나치다 보니까 다른 것과 맞물리면서 약간의 강박을 만든 겁니다. 그러니 여기에 씨름의 되치기 기술을 좀 쓰시면 어떨까요.

윤대현 (서울대 정신건강의학과 교수)

함께 읽으면 좋은 성장문답 !

미움받을 용기가 없는 당신이 반드시 들어야 할 대답 84페이지
게임을 끊지 못해 고민하는 당신이 반드시 들어야 할 대답 112페이지
고통스러운 기억으로 힘들어하는 당신이 반드시 들어야 할 대답 148페이지
야동을 끊지 못해 점점 말라가는 당신이 반드시 들어야 할 대답 212페이지
사과할 줄 모르는 당신이 반드시 들어야 할 대답 234페이지

행복하지 않은 당신이
반드시 들어야 할 대답

하버드대 심리학과 교수 대니얼 길버트의 『행복에 걸려 비틀거리다』라는 책이 있습니다. 그분이 행복한 사람들을 많이 인터뷰한 결과 두 가지 특징을 발견했다고 합니다. 첫 번째는 분명한 목표가 있다는 것, 두 번째는 그 목표를 향해서 자신이 한 발 한 발 잘 나아가고 있음을 느끼는 것, 이 두 가지가 행복에 있어 아주 중요한 요소라는 겁니다. 행복을 위해서는 목표가 참 중요합니다. 목표가 지나치게 높으면 자기가 한 발 한 발 잘 나아가고 있다고 느끼기가 어렵겠지요.

살이 많이 찐 사람이 한 달 내로 체중을 보통 수준까지 다

빼겠다고 무리한 목표를 세우면 지키기가 어렵습니다. 오히려 '나는 왜 이 모양인가. 왜 계획한 걸 잘 못 지키는가' 하는 생각 때문에 금방 불행해질 것입니다. 반면에 이루기 어렵지 않은 적당한 목표를 세웠다면 꾸준히 실천하기가 쉬울 것입니다. 그 경우에는 '나는 지금 나를 잘 조절해가고 있다'라는 느낌을 가질 수 있는데, 이러한 조절감이 행복에 있어서는 매우 중요한 요소입니다. 결국 '내가 나를 잘 조절해가고 있다'라는 조절감을 얻으려면 적절한 수준의 목표를 갖는 것이 필요합니다.

가끔은 '굳이 목표가 필요한가, 목표가 있기에 우리가 불행한 것이 아닌가'라고 묻는 분들도 있는데, 목표가 아예 없으면 행복을 느끼기도 어렵습니다.

돈도 많고, 시간도 많고, 가진 것이 많지만 인생에 있어서 아무런 목표 의식이 없는 분들은 거의 행복을 느끼지 못합니다. 일시적인 쾌감은 느끼지만 지속되는 행복감을 얻지 못하는 경우가 많죠. 또 지나치게 높은 목표를 세워서 자기를 잘 조절하고 있다는 느낌이 무너져도 우리의 행복은 사라집니다. 결국 적절한 목표를 세우고 내 감정, 내 행동, 내 의지를 조금씩 잘 다스려나가고 있다는 마음을 갖는 것이 행복에는 중요합니다. 아울러 행복을 위해선 일상에서 소중한 것을 자꾸 만들어가려고 노력하는 것이 중요합니다. 자기 삶을 행복하게 이끌기 위해서는 삶이라는 장식장 속에 예쁜 것을 전시하고 자꾸 바라보는 것이 효과적이라고 생각합니다.

제가 아는 어느 분은 월급날이 되면 항상 그달에 가장 먹고 싶었던 음식을 아내하고 같이 가서 먹는다고 해요. 월급날이면 약속을 잡아서 맛있는 음식을 먹는 데이트를 무려 십여 년 동안, 결혼 이후로 계속해왔다고 합니다. 월급날이 오기 전에 함께 계획을 세우고 월급날이 되면 일부러 가서 먹는 거죠. 또 어느 분은 수요일이면 매일 집에 일찍 들어와 아이하고 게임을 한다고 합니다. 아이는 아빠와 게임을 하려고 일주일 동안 기다렸다가 같이 그 시간을 즐기죠. 친구와의 관계도 마찬가지입니다. 일 년에 한 번 친구들끼리 같이 놀러 가기로 정하고 한 달에 몇 만 원씩 모아가면서 계획을 짜는 분들도 있습니다. 저는 행복하기 위해서는 이런 작은 궁리를 내 삶 여기저기에 만들어가는 게 필요하다고 생각합니다. 내가 소중하게 여기는 사람하고 함께할 별것 아닌 작은 일을 만들어보세요. 많은 돈이 들지 않아도 함께하면서 '참 행복한 순간이다' 싶은 일이 여러 가지 있을 것입니다. 하나의 의식과 같은 일들. 이런 의식을 우리의 지루한 삶에 만들어가는 것이 중요합니다.

월급날 또는 매월 첫 주, 무슨 요일 이렇게 정해서 계획을 짜면서 여러 가지를 시도할 수 있겠죠. 누군가와 함께 하지 않고 혼자 하는 것도 괜찮습니다. 친한 친구들에게 요즘은 스마트폰으로도 가벼운 선물을 쉽게 줄 수 있잖아요. 친한 친구의 생일이 오면 대단한 건 아니어도 커피 한 잔이라도 쏘겠다는 계획을 세우고 실행에 옮겨보는 거예요. 이렇게 남에게 베풀 수 있는 마음도 나한테 행복을 줄 수 있거든요. 이런 작은 행위를 통해서 내 행복의 장식장에 이것저것 전시해보는 것은 어떤가요. 굳이 남한테 소셜미디어로 자랑하지 않아도 굉장히 매력적이죠.

예전에 어느 분의 재미있는 통장을 본 적이 있어요. 그분은 아이를 낳아 키우면서 아이가 처음 걸음마를 떼었을 때 만 원, 아빠라는 말을 처음 했을 때 만 원, 그런 식으로 통장에 작은 금액을 이체하면서 메모를 남겼어요. '아빠라고 처음 말함' 만 원, '첫 걸음마 성공' 오천 원, '일어나기 성공' 만 원, 이렇게 계속 이체를 한 거예요. 그러면서 돈도 조금씩 쌓여가는 거예요. 그 돈을 어디에 의미 있게 쓸까 궁리하면서 행복해하시더라고요.

삶은 대단한 드라마가 아니고, 우리는 세상의 주인공은 아니잖아요. 하지만 이런 방법으로 내 삶에서는 나를 주인공으로 만들 수 있다고 생각합니다. 그러면 조금 더 행복해질 거예요.

서천석(정신건강의학과 전문의)

함께 읽으면 좋은 성장문답

! ● 돈이 없어 불행한 당신이 반드시 들어야 할 대답 44페이지
친구가 없는 당신이 반드시 들어야 할 대답 76페이지
쉽게 상처받는 마음 약한 당신이 반드시 들어야 할 대답 134페이지
SNS에서 남들 잘사는 걸 보면 우울해지는 당신이 반드시 들어야 할 대답 248페이지
공부 잘하는 옆집 아이와 비교하며 힘들어하는 당신이 반드시 들어야 할 대답 256페이지

비판과 오해를 받는 당신이
반드시 들어야 할 대답

가까운 사람, 내 편이라고 생각했던 사람이 나를 좀 서운하게 하면 사람들은 토라지죠. 우선 근본적으로 말하면 우리가 살아간다는 것은, 끊임없이 누구에게 상처를 주거나 또는 내가 누구한테서 상처를 받거나 하는 과정의 연속이에요. 그럴 수밖에 없는 것 같습니다.

그렇다면 가까운 사람이고 나를 잘 이해해주고 나랑 같은 편이라고 느끼는 어떤 사람에 대해서 나는 평소에 그 사람에게 어떻게 해주는가를 생각해볼 필요가 있지 않을까요. 그 사람 입장에서 느끼고, 그 사람 입장에서 생각하고, 그 사람

입장에서 이해해보는 겁니다. 누군가 그 사람을 험담하거나 할 때 그 험담에 대해 그 사람 입장에서 맞는 건지 아닌지를 깊이 생각해보는 사람은 거의 없거든요. 그렇기 때문에 나도 남한테 상처를 주고, 남도 나한테 상처를 줘요.

●

상처를 주거나 상처를 받는 일이 잘 못되었거나, 이상하거나, 일어나서는 안 되는 일이 일어나는 게 아니에요.

우리는 하루 24시간 중에서 3분의 1을 자고, 나머지 시간에 사람들하고 관계를 맺으면서 살아갑니다. 그러면서 내가 만나거나 내가 알고 있는 모든 사람을 똑같이 대할 수는 없죠. 어떻게 그렇게 할 수가 있겠어요. 감당이 안 되죠. 그래서 사람들은 누구나 많건 적건 자기중심적으로 생각하고 느끼고 살아가게 되어 있습니다.

그런데 상처를 더 크게 받는 것은 그 사람이 나와 가깝기 때문이죠. 멀리 있는 사람은 나한테 상처를 주기가 어려워요.

성장문답

아무리 활을 쏘아도 거리가 멀면 나한테 와서 닿지 않아요.

내가 안 보는 곳, 듣지 못하는 곳에서 누가 내 험담을 해도 내가 그걸 듣기는 어렵죠. 화살을 쏘았을 때 내가 그 화살을 맞는 것은 가까운 사람이 쏘았기 때문이에요. 원래 상처는 가까운 사람한테 받는 거니까요.

또 나에게 상처를 준 사람은 자신이 누군가에게 상처를 줬다는 것 자체를 의식하지 못하는 경우가 대부분이에요. 그러니까 이것을 매우 자연스러운 일이라고 생각하고 너그러운 마음을 가질 필요가 있습니다.

예컨대 내 편이라고 생각했던 가까운 사람이 나를 험담했다고 할 때 그 험담은 옳은 지적이거나 옳지 않은 비난, 둘 중 하나일 거예요.

옳은 지적이면 고맙게 생각하고 받아들여야죠. 옳지 않은 지적이라고 생각되면 아니라고 얘기하면 되겠죠.

그런데 말을 해도 상대방이 받아들이지 않으면 그건 내 문제가 아니고 그 사람의 문제예요. 그 사람의 생각이 잘못되었거나 그 사람의 가치관이 삐뚤어져 있는 거죠. 내가 해명을 하고 설명을 해줘도 받아들이지 않고 생각의 접점을 찾지 못한다면 그건 내 문제가 아니고 그 사람 문제잖아요.

옳은 비판에 대해서 상처를 받으면 내 잘못이고, 내 잘못이 아닌 것에 대해서 내가 상처를 받으면 그것도 내 잘못이에요. 이것을 '두 번째 화살'이라고 합니다.

우리는 사방으로 화살을 쏘면서 살아요. 또 누군가 쏜 화살에 맞기도 하면서 삽니다. 그 사람이 나를 맞히려고 했을 수도 있고, 그냥 쐈는데 내가 맞았을 수도 있어요. 어쩌면 상대방은 나를 맞혔다는 생각을 아예 하지 못할 수도 있어요.

그런 상황에서 '내가 뭘 잘못해서 그럴까' 또는 '내 탓인가봐'라고 생각하며 자신을 괴롭힌다면 어떨까요. 또 내 탓이 전혀 아닌데 그것 때문에 분노를 느끼거나 토라지거나 속이 상하면 어떨까요. 내 잘못이 아닌 어떤 것 때문에 스스로를 괴롭힌다면 좋지 않은 거쇼.

●

살면서 누구나 부딪히는 이 문제에 관해서는, 누구도 내 편이라고 생각하지 않는 것이 기본적인 자세 같습니다. 그 누구에 대해서도.

유시민(작가)

함께
읽으면 좋은
성장문답 ●

! 인생의 철학이 없어서 고민하는 당신이 반드시 들어야 할 대답 60페이지
지금 대학에서 헤매고 있는 당신이 반드시 들어야 할 대답 126페이지
글쓰기가 두려운 당신이 반드시 들어야 할 대답 172페이지
역사 지식이 부족한 당신이 반드시 들어야 할 대답 186페이지

자기 적성을 몰라 헤매는 당신이
반드시 들어야 할 대답

제가 대학에서 강의를 하면서 학생들로부터 가장 많이 받은 질문이 이겁니다.

●

"좋아하는 일을 하라는 말씀을 계속 하시는데 제가 뭘 좋아하는지 모르겠어요."

그래서 굳이 무엇을 좋아하느냐고 물으면 '여행과 맛집'

을 좋아한다고 말합니다. 그러면 제가 이렇게 얘기하죠. "그건 누구나 좋아하는 겁니다."

●

좋아하는 일을 직업으로 가지려면 남들보다 더 잘하면 되겠죠.

예를 들어 일본의 유명한 작가 중에서 명품을 좋아해서 파산한 사람이 있습니다. 명품을 너무 좋아하다 보니 수입을 명품 구입하는 데 다 써서 신용불량자가 되었는데, 그 내용을 책으로 썼습니다. 그리고 유명해졌습니다. 그냥 보통으로 명품을 좋아하는 사람들과는 수준 차이가 있지요.

●

이렇게 자기 것을 다 버릴 수 있을 정도, 미련 없이 내 것을 다 포기할 수 있을 정도가 돼야 정말 좋아하는 거예요.

임용고시도 준비해보고 공무원 시험도 준비한다고 하는 사람이 있다고 합니다. 시험을 준비하게 된 그 동기가 자기 안에서 차올라온 것인가요? 아니면 옆에서 공무원이 최고니까 해보라고 해서 시작하신 건가요? 만약 후자라면 내 것이 아니죠. 그렇기 때문에 이건 시도의 문제가 아닌 것 같아요. 먼저 깊은 고민을 해보시고 탐색을 꾸준히 해보신 다음에 진로를 결정하는 것이 맞지 않을까 싶습니다.

젊은 대학생이나 청년들은 탐색 과정에 시간이 많이 걸리니까 낭비다, 시간이 없다고 이야기하기도 합니다. "4학년인데 언제 합니까?"라고 말하지요. 목표가 아주 먼 나중에 나오는 성과라면 그 기간을 줄이고 싶어 합니다. 예를 들어 '내가 원하는 건 1억 원을 버는 거야'라고 한다면 그것이 목표가 되는 순간, '그걸 10년에 하면 힘든데 3년에 하면 좋은 거지. 20년이나 걸리면 안 할 거야', 즉 과정이 목표가 아니라 결과가 목표인 경우에는 그런 생각을 하게 됩니다.

제가 봤을 때 인생은 굉장히 깁니다.

저한테도 긴데, 젊은 사람들은 더 길어질 거예요. 120년, 150년, 심지어 요즘은 300년이라는 이야기까지 나오고 있어요. 지금의 1, 2년이라는 것이 얼마나 긴가에 대한 부분들을 고민해봐야 될 것 같습니다. 물론 '1, 2년이 기니까 아무것도 안 해야지' 한다면 굉장히 짧은 시간이겠죠. 그게 아니라 내가 하는 행위가 내 평생의 방향을 결정하기 위해서 필요한 숙고라면 굉장히 긴 시간일 수도 있어요. 그 짧은 기간 동안 그런 이유로 고민을 좀 더 깊게 해보시는 게 필요하지 않을까요.

●

좋아하는 걸 해야 합니다. 또 어떤 일을 하더라도 10년 정도는 지속해야 전문가가 된다고 생각해요. 제가 실제로 일을 해보니까 내 손발을 마음대로 쓸 수 있을 만큼 자연스러워지려면 시간이 꽤 필요하더라고요. 좋아하지 않으면 지속할 수가 없어요. 중간에 그만둘 수밖에 없거든요.

좋아하는 걸 꾸준히 해보면 자기 적성을 찾아낼 확률이 높아집니다. 거꾸로 얘기하면 좋아하지 않는 일은 꾸준히 할 수 없으니까 확률이 제로가 되는 거죠. 그러니까 좋아하는 일을 하는 게 맞는 겁니다.

송길영(다음소프트 부사장)

함께
읽으면 좋은
성장문답 **!** 중소기업 직장인인 걸 부끄러워하는 당신이
반드시 들어야 할 대답 98페이지

2장

결핍,
미움받을 용기가 없는
당신에게

돈이 없어 불행한 당신이
반드시 들어야 할 대답

행복에 대한 조사를 해보면 '돈과 행복이 별 관련이 없다'라는 결과가 신문에 자주 보도됩니다. 그런데 그렇지는 않습니다. 실제 행복에도 경제적인 부분이 미치는 영향이 큽니다. 다만 아주 열악한 수준을 벗어나면 수입이 늘어난다고 해서 더 행복해지는 것은 아니라고 합니다. 그러면 열악한 수준이 어느 정도인가가 중요한데, 지금 우리 사회가 전반적으로 열악해지고 양극화도 심화되고 있기에 돈이 행복에 미치는 영향은 최근 들어 점점 중요해지고 있다는 생각이 들어요. 또 일정 수준 이상의 수입에서는 비슷하게 행복을 느낀다고 하지만 거기에도 또 함정이 있어요.

●

연구를 해보면 수입이 계속 늘어나는 사람은 계속 행복하다고 해요. 작년보다 올해 더 버는 경우 행복한 거죠. 반면 수입이 많더라도 더 이상 늘지 않고 비슷한 수준이면 수입이 많다고 해도 더 행복하지는 않다고 합니다.

예를 들어 급여가 계속 늘어난다거나 올해보다 내년이 더 잘살게 될 거라고 예측하는 사람은 행복한데, 올해보다 내년이 좋아질 것 같지 않고 내후년엔 더 나빠질 것 같다고 예상하는 사람은 지금 비록 부자라고 해도 행복하기 어렵다는 것입니다.

●

무언가 자기 소유가 늘어나고 있고, 자기가 발전하고 있고, 자기가 점점 커가고 있다는 기대감이 우리에게 행복을 줍니다. 내가 선택할 수 있는 것이 많아지고 내가 조절할 수 있는 것이 많아진다는 것, 즉 더 힘이 세지고 있다는 것이 행복에 중요합니다.

지금의 사회에선 그럴 수 있는 힘 중 하나가 돈이죠. 그러니 돈이 많아지는 것은 우리에게 분명 행복을 가져다줍니다.

그런데 문제는 지금 우리 사회의 발전이 정체되어 있다는 거예요. 1970년대하고 지금을 비교하면 지금이 더 좋은 조건에서 더 많은 것을 누리며 살고 있습니다. 그때의 부자보다 지금 중산층의 생활수준이 더 높을 거예요. 그런데 평범한 사람들의 행복감이란 면에서 보면 그때가 훨씬 높았어요. 왜냐하면 그때는 사회가 급속히 발전하면서 우리 모두 앞으로 점점 좋아질 것이라는 생각이 널리 퍼져 있었거든요. 정치적으로는 억압되고 여러 가지 안 좋은 부분이 많았지만 그 당시 아이들을 보면 빨리 어른이 되고 싶다는 말을 많이 했어요. 요즘 아이들은 별로 어른이 되고 싶어 하지 않죠. 아이들에게 그 이유를 물어보면 참 충격적인데, 자기가 보기에 부모들이 별로 행복해 보이지 않는다는 거예요.

지금 우리 사회는 미래에 대한 긍정적인 생각이 적고 기대도 많이 낮아져 있어요. 또 없이 살다 보면 부부가 자주 싸우고 아이한테도 해줄 수 있는 게 없다는 말을 하는 경우가 점점 늘어나게 됩니다. 그 말의 핵심은 '내가 할 수 있는 게 없다!'라는 건데, 내가 할 수 있는 것은 오직 돈으로만 이룰 수 있는 거예요. 이런 상황에선 수입이 더 늘어나지 않으면 내가 할 수 있는 것도 늘어나지 않게 돼요.

●

인간은 '내가 할 수 있는 것이 없다, 내가 조절할 수 있는 것이 없다, 내가 상황을 바꿀 수 있는 것이 없다'고 생각하면 불행해집니다.

그럴수록 주어진 조건에서 자신이 할 수 있는 일이 무엇인지를 생각해야 합니다. 그런데 우리 사회는 지난 수십 년간 굉장히 빠르게 물질적으로 성장해오다 보니 행복을 찾는

성장문답

방법을 오직 성장과 발전, 더 많은 돈과 물건을 갖는 것으로 당연시하게 되었어요. 상당히 강한 물질주의가 우리 사회에 퍼져 있죠. '돈으로 할 수 있는 것 말고 내가 할 수 있는 게 뭐지? 행복할 수 있는 방법이라는 게 결국 전부 돈으로 할 수 있는 거 아니야?'라고 생각합니다.

만약 우리 사회가 더 이상 빠르게 발전할 수 없다면, 또 내 경제적인 형편이 내년에도 그 후에도 별로 좋아지지 않을 거라면 돈이 아닌 다른 방향에서 내가 할 수 있는 것을 찾아야 합니다.

돈으로 얻을 수 없는 것 중에 부부가 할 수 있는 것, 아이와 할 수 있는 것이 무엇인지 깊게 고민해봐야 합니다. 더 많은 돈이 생기지 않더라도 내 배우자와 아이, 친구들과 할 수 있는 일이 늘어나고 그 일을 실천하게 된다면 우리는 별로 불행하지 않을 것입니다.

생각해봅시다. 지금까지 내가 누군가와 행복했다면 그 순간이 정말 돈으로만 이루어졌던 걸까요? 그렇지 않은 경우도 많겠지요. 아이들에게 한번 물어보십시오. 지금까지 행복했던 순간들을. 그 순간들이 모두 아빠인 내가 많은 돈을 들여서 만든 것일까요?

아마도 그게 다는 아닐 것입니다. 나의 어린 시절 행복은 더 말할 것도 없을 것이고요. 돈으로 할 수 없는 것들, 돈이 아니어도 할 수 있는 일들은 적지 않습니다. 발전이 정체된 사회일수록 이젠 그런 일들을 더 많이 고민하고 생각해야 합니다. 그래야 우리 사회의 행복, 나와 우리 가족의 행복이 더 높아질 수 있을 것입니다.

서천석 (정신건강의학과 전문의)

함께
읽으면 좋은
성장문답

행복하지 않은 당신이 반드시 들어야 할 대답 24페이지
친구가 없는 당신이 반드시 들어야 할 대답 76페이지
쉽게 상처받는 마음 약한 당신이 반드시 들어야 할 대답 134페이지
SNS에서 남들 잘사는 걸 보면 우울해지는 당신이
반드시 들어야 할 대답 248페이지
공부 잘하는 옆집 아이와 비교하며 힘들어하는 당신이
반드시 들어야 할 대답 256페이지

밑천이 없는 당신이
반드시 들어야 할 대답

'제 나이 때 하지 않으면 나중에 후회할 일'이 무엇인가
요? 지금 공부를 하지 못하면 나중에, 한 5년 뒤에는 못하나
요? 연애를 지금 하지 않으면 5년 뒤에도 못하는 건가요?

옛날하고 지금은 많이 다릅니다. 예전에는 나이 서른만
돼도 결혼을 안 하고 있으면 굉장히 이상한 사람 취급을 받
았어요. 그런데 지금 서른에 결혼 안 한다고 해서 이상하게
생각하는 사람이 있습니까? 그런 사람 하나도 없습니다. 옛
날에는 나이 육십이 되면 환갑잔치를 했어요. 오래 살았다고
잔치를 해줬는데 요즘 육십에 환갑잔치 하는 사람이 있습니

까? 오히려 100세 사회라고 합니다.

●

삶이 굉장히 다양한 형태로 진행되는 걸 사람들이 많이 인정하는 시대입니다. 그래서 '제 나이 때 하지 않으면 나중에 후회할 것 같은 일'은 엄밀히 말해서 없습니다. 그러니까 너무 걱정하지 마세요.

지금 룸살롱에서 일하는 20대 중반의 한 남성으로부터 질문을 받았습니다. 집과 일터만 왔다 갔다 하고 월 수입은 300만 원에 큰돈을 벌어놓은 것도 아니고, 너무 외롭고 걱정되는 날이 많은데 지금 안 하면 후회할 일을 생략하며 사는 것 같다고요. 연애 경험도 별로 없고 성 경험은 한 번뿐이고 키도 작고 못났다고 비관하더군요.

혹시 스스로 부끄러워할 수 있을지도 모르겠는데, 절대로 그렇게 생각하지 마세요.

성장문답

지금 단계는 인생의 밑천을 마련하는 단계입니다. 누구나 다 인생의 밑천을 마련하는 오랜 과정이 있어요.

그런데 사람들이 부자들을 부러워하는 이유는 부자라서 부러워하는 측면도 있지만, 사실 그 사람들은 인생의 밑천을 마련하는 게 좀 쉬워요. 시간을 단축할 수도 있고 남들보다 좀 편하게 할 수 있어요. 그러나 어쨌든 그 사람들도 또 나름의 방식으로 앞으로 인생을 꾸려나갈 여러 가지 밑천을 마련합니다. 그 밑천에는 여러 가지가 있을 수 있어요. 이를테면 경험일 수도 있고, 기술일 수도 있고, 경력이나 돈일 수도 있어요.

지금 자신의 일을 하면서 마련할 수 있는 밑천에는 어떤 것이 있는지 생각해보세요. 일단 돈이 있어요. 지금 월 300만 원 정도 번다고 하셨는데, 절반인 150만 원을 매월 저축한다고 가정해보면 5년이면 1억 원 정도 모을 수 있을 겁니다. 요즘 금리가 워낙 낮으니까 돈을 많이 불릴 수는 없겠지만 잘

관리하면 1억 2,000만 원 정도 만들 수 있겠지요. 그런데 지금은 그 돈이 없잖아요. 1억 2,000만 원이 없는 지금과 1억 2,000만 원이라는 밑천을 마련한 5년 후를 한번 머릿속으로 비교해 보세요. 아마 5년 후에 그 밑천을 가지고 할 수 있는 일이 훨씬 풍부하고 다양할 겁니다. 그때부터는 뭔가를 배울 수도 있을 거고, 자영업이든 사업이든 시작할 수도 있을 거예요.

지금 사회에서 잘나가는 유명한 사람들도, 물론 저도 밑천을 마련하는 오랜 과정을 사실은 다 겪었습니다. 말콤 글래드웰이 '1만 시간의 법칙'을 이야기했지요. 유명한 성공한 사람들이 천재라서 갑자기 성공한 것이 아니라 전문적인 분야에 몰입해서 1만 시간 이상을 보낸 경험이 있다는 겁니다. 대체로 보통 직장인들은 5,000시간, 각 분야에서 인정받는 사람들은 7,000시간, 성공한 사람들은 1만 시간 이상을 그 분야에 투자했다는 겁니다. 천재라서 갑자기 성공한 게 아니라는 거죠.

그런 것들을 생각해서 '지금은 내 인생의 밑천을 마련하는 단계'라고 생각하면 좋겠습니다. 그 밑천에는 여러 가지가 있을 수 있어요. 일단 돈일 수 있고, 경험일 수도 있습니다. 이를테면 룸살롱은 유흥업이고, 크게 보면 서비스업입니다. 그곳에서 경험으로 배울 수 있는 것들이 있어요. 유흥업계에서는 돈이 어떻게 돌아가는지, 경제의 영향을 어떻게 받는지, 손님들은 어떤 서비스에 반응하는지 등등을 경험으로 체득할 수 있습니다. 그러면 5년 뒤나 10년 뒤에 꼭 룸살롱이 아니어도 연관된 유흥업이나 서비스업에서 일을 하게 될 때 큰 도움이 될 거예요.

아니면 룸살롱에 출퇴근할 때 주변에 다른 데도 있을 겁니다. 근처에 맥줏집이나 건너편에 포토스튜디오가 있을 수도 있어요. 지나다니면서 그분들과 인사를 나누고 친하게 지내면서 돈벌이는 어떤지, 임대료는 어떤지, 손님이 얼마나 오는지, 그 업종에서 자리 잡는 데 어느 정도 기간이 걸리는지 등등을 한번 가볍게 물어보세요. 그러면 돈이라는 밑천을 마련할 수도 있지만 그와 아울러서 경험이나 인맥을 밑천으로 마련할 수도 있습니다.

한 가지 제가 꼭 주의시키고 싶은 게 있습니다. 밑천을 마련하는 이 오

랜 과정이 대개는 몇 년 넘게 걸립니다.

그런 과정을 겪고 있는 많은 젊은 청년들이 두려워하는 게 있습니다. 바로 다른 사람에게 지질하게 보이는 겁니다. 저는 기성세대인데, 기성세대하고 지금 청년들을 비교해보면 기성세대보다 지금 청년들이 훨씬 주변과 자기를 많이 비교하는 것 같습니다. 어떤 세대적인 특성일 수 있겠지요. 예전에는 인터넷도 SNS도 없었는데, 요즘은 실시간으로 SNS에 자기가 무얼 하는지 올리는 친구들이 많습니다. 그게 다 자기 자랑이죠.

그런데 사람이 살다 보면 자랑하고 싶은 순간만 있는 건 아닙니다. 남에게 보여주기 싫은 순간들도 굉장히 많습니다. 그런데 그런 건 다 감춥니다. 드러나는 것만 보고 있으면 무의식적으로 자기 스스로 굉장히 지질해 보이고 남들이 그런 시선으로 나를 볼 것이라고 상상하며 두려워하게 됩니다. 그런 것에 속지 말자고요. 좀 극단적으로 표현하면 요즘은 광고 인생을 살고 있는지도 모릅니다. 남들한테 보이는, 지질하게 보일 수 있는 삶을 너무 두려워하는 경향이 있어요. 그런 것을 절대로 두려워하지 마세요.

그리고 연애 경험도 없고 성 경험도 한 번이고 키 작고 못났다고 했는데, 그게 중요한가요? 극단적으로 표현하면 나중에 한 명만 잘 만나면 되는 거예요. 여러 명 만나서 잘되는 것 같은 화려한 인생이 꼭 행복하지는 않아요. 나중에 두고 보세요. 많은 여자를 만나는 게 순간순간 나름 의미 있고 즐겁긴 하겠지만 그런 경험 별로 없이 한 명 잘 만나서 나중에 행복하게 결혼생활 하는 게 훨씬 행복한 삶이에요.

지금은 스스로를 키 작고 못났다고 생각하지만 자기가 밑천을 만들고 여러 경험과 경력을 쌓으면 얼마든지 잘난 사람이 될 수 있어요. 그 과정 동안에 스스로를 지질하다고 여기지 말고 '인생의 밑천을 내가 마련하는 과정이다'라고 생각하며 자존감을 가지시길 바랍니다.

이범 (교육평론가)

함께
읽으면 좋은
성장문답
!

선택이 어려운 당신이 반드시 들어야 할 대답 92페이지
초등 자녀 공부로 걱정하는 당신이 반드시 들어야 할 대답 266페이지
초등 자녀 영어 공부로 걱정하는 당신이 반드시 들어야 할 대답 276페이지

인생의 철학이 없어서
고민하는 당신이
반드시 들어야 할 대답

인생의 큰 그림을 그릴 수 없어서 답답하다는 분들이 많습니다. 제대로 살고 싶은데 말이죠. 제 답은 한마디로 말하면 '본성대로 살자'라는 겁니다.

인생은 자기를 표현하는 과정이거든요. 나한테 없는 것을 표현하려면 너무 힘들고 의미도 없어요.

내가 어떤 존재이고 내 본성이 뭔지를 잘 알고 그 본성을 잘 표현하면서 살면 그게 좋은 삶이라고 봅니다.

우리가 가진 본성에는 두 가지가 있습니다. 첫 번째는 종으로서 모든 인간이 가지고 있는 본성이고, 두 번째는 우리 각자가 조금씩 다른 개성이에요. 인류 모두가 가지고 있는 본성과 삶의 주체로서 가지고 있는 나의 본성, 나의 개성을 다 잘 표현하면서 살면 그게 좋은 삶이라고 생각합니다.

우리가 종으로서 가진 본성에는 자기중심적 이기적 본성과, 외향적 이타적 본성 두 가지가 있어요. 자기중심적인 본성은 무얼 가지려고 하는 것, 일해서 돈 벌려고 하는 그런 걸 말합니다. 그다음에는 노는 겁니다. 노는 게 의미가 있어서가 아니라 즐거우니까 노는 거예요. 그리고 사랑하는 것입니다. 전면적으로 나와 관계를 맺고 모든 것을 나눌 수 있는 애착 대상을 사랑하는 거고요.

그다음에 이타적인 본성을 연대라고 하는데, 나하고 아무 상관없는 사람의 복지에 관심을 가지고, 나하고 아무 상관없는 사람이 느끼는 아픔과 슬픔, 고통을 같이 느끼고, 그래서 그 사람들의 복지를 위해서 내가 가지고 있는 귀한 자원을 기꺼이 내놓는 것입니다. 내놓는 것은 시간일 수도 있고 돈일 수도 있고 자기의 기능일 수도 있습니다.

인간은 단순한 이기적 동물도 아니고 완전히 이타적으로만 살 수 있는 동물도 아니에요. 이 두 가지를 다 가지고 있어요. 그래서 자기가 좋아하는 일을 찾아서 열심히 잘하고 자기가 순수하게 즐길 수 있는 놀이도 즐깁니다. 그다음에 사랑하고 사랑받으며 누군가와 살아가고, 타인에 대해서 관심을 가지면서 공감하고 교류하고 연대합니다. 이 네 가지를 다 잘하면 좋겠지요.

●

일이 잘 풀리고 돈 잘 벌고 잘 놀고 배우자가 괜찮다고 해서 인생이 다 행복할까요? 그렇지 않아요. 뭔가 허전하게 느껴집니다.

사업으로 굉장히 큰 성공을 거둔 사람이 어마어마한 기부

를 하거나, 김밥 팔아서 굉장히 어렵게 돈을 모은 할머니가
대학에 기부를 하거나, 태안에서 기름 유출 사고가 났을 때
수백만 명이 가서 걸레를 들고 기름을 닦아냈는데, 왜 그렇
게 할까요? 그렇게 하지 않으면 자기 삶에 의미가 적고 어딘
가 허전하게 느껴지기 때문이거든요. 그래서 일, 놀이, 사랑,
연대, 이 네 가지를 다 해야 돼요. 다 하지 않으면 우리 인생
이 불완전하다고 스스로 느끼게 될 겁니다.

그럼 개성은 뭘까요? 개성은 이 네 가지를 어떤 내용으로
어떻게 결합하느냐에 달린 겁니다. 어떤 일을 하느냐는 사람
마다 다릅니다. 자기한테 맞는 일을 해야죠. 어떤 놀이를 하
느냐, 어떤 사람을 사랑하느냐, 다 다릅니다. 세상엔 돈 많은
사람을 사랑하는 사람도 있지만 마음씨 고운 사람을 사랑하
는 사람도 있습니다. 자기 상황이 어떠냐에 따라서 남한테
줄 수 있는 것도 사람마다 달라요.

●

일, 놀이, 사랑, 연대의 내용이 사람
마다 다 다를 수밖에 없고 이 네 가지
를 어떤 비율로 어떻게 결합하느냐도

사람마다 다릅니다.

기부나 연대 활동을 많이 하는 사람도 있고, 그걸 조금 하고 일을 많이 하는 사람도 있어요. 그게 어떤 식으로 결합되든 강제나 억지로 하는 것은 좋지 않습니다. 주어진 환경에서 열심히 생각해서 일, 놀이, 사랑, 연대를 하고 자신이 원하는 비율로 결합했다고 느끼면 그건 좋은 거지요.

●

한마디로 뭉뚱그리면 나의 본성을 잘 표현하면서 살아가는 인생, 그것이 좋은 삶입니다. 남이 그것을 어떻게 평가하는가는 상관없어요.

경우에 따라서 많은 대외적인 활동을 하면서 살아가는 사람의 인생도 가치 있는 거고요. 그것보다는 훨씬 더 내향적으로 자기 개인적인 삶을 살아가는 것도 만약 자신이 원해서 하는 거라면 괜찮다고 봐요.

우리 모두가 다 돈만 밝히는 수전노처럼 살아갈 수는 없습니다. 또 모두가 다 테레사 수녀나 넬슨 만델라처럼 살아갈 수도 없는 것 아니겠어요? 객관적으로 드러나는 어떤 것이 중요하다기보다는 자기가 왜 그런 것들을 그런 정도로 결합해서 자기 인생을 살아가느냐, 그것이 자기 내면에서 설명이 되고 자긍심을 가지고 자기 삶을 볼 수 있으면 그걸로 충분한 게 우리 삶이라고 봅니다. 그게 짧고 덧없는 인생에서 내 나름의 의미, 인생의 의미를 찾아가는 길이라고 생각합니다.

유시민(작가)

함께
읽으면 좋은
성장문답

! 비판과 오해를 받는 당신이 반드시 들어야 할 대답 30페이지
지금 대학에서 헤매고 있는 당신이 반드시 들어야 할 대답 126페이지
글쓰기가 두려운 당신이 반드시 들어야 할 대답 172페이지
역사 지식이 부족한 당신이 반드시 들어야 할 대답 186페이지

패션 감각이 없는 당신이
반드시 들어야 할 대답

요즘 방송이나 언론 매체에서 너무나도 근사한 몸과 체형을 가지고 있는 사람들, 뭘 입어도 멋있는 사람들이 나와서 옷을 잘 못 입는 사람을 보고 '패션 테러리스트'라고 말합니다. 옷을 입어보는 것도 수많은 연습을 해봐야 됩니다. 흔히 하는 말로 창피도 좀 당해봐야 되고요. 칭찬도 받아봐야죠. 그 과정 없이 처음부터 나는 막힘없이 다 잘하고 싶다는 건 욕심이죠. 공부도 그렇게 안 되는데 어떻게 옷 입기가 그렇게 되겠어요?

저 사람은 참 끌린다, 옷을 참 잘 입는다고 생각하는 사람들을 찾아보면 주변에 한두 사람은 있습니다. 그 사람들을 모델로 삼으면 돼요. 내가 따라 입어야 하는 그런 역할 모델을 해줄 사람이 필요합니다. 그렇게 하면서 그 마음을 가지고 옷을 고르러 가야죠. 아예 처음부터 '나는 아무것도 모르겠어'라는 마음으로 옷을 고르러 가서는 제대로 옷을 살 수 없겠지요.

뜬금없이 '어떻게 옷을 잘 입을 수 있을까요?'라고 질문하면 사실 답변하기가 어렵습니다. 텔레비전이나 다양한 매체에서 진짜 멋쟁이가 되는 법을 매일 말하고 있고, 자기만의 스타일로 입으라고 얘기합니다. 저는 사실 그런 말을 들을 때마다 놀라요. '자기만의 스타일을 찾아서 입어라.' 이건 너무 어려운 말이거든요.

패션계에서는 일종의 명제가 하나 있습니다.

'패션은 구매하는 것이지만 스타일은 소유하는 것이다.'

저는 이 명언을 금과옥조처럼 받아들입니다. 왜냐하면 패션이라고 하는 것은 다양한 옷인데, 어디를 가든 옷가게에서 다 살 수가 있어요. 그런데 스타일링을 한다는 것은 옷을 사는 행위하고는 별로 관련이 없는 겁니다. 스타일은 그 옷에 플러스가 되는 거예요.

내가 어떤 사람을 어디에서 만나고 어떤 말을 하며 어떻게 예의를 보여줄지, 그 사람에 대한 존중감을 어떻게 표현할 것인지 등이 섞여 있는 것이 스타일입니다.

어떻게 보면 한 사람이 평생을 놓고 만들어가야 할 화두인 겁니다.

그렇기 때문에 자기만의 스타일이라는 것은 평생 만들어가야 하는 겁니다. 이것이 가장 극명하게 드러나는 곳이 바로 여러분의 옷장이에요. 사실 옷장은 여러분의 생각이 싹틔

워지는 일종의 모종 같은 겁니다. 옷장을 보면 그 사람이 어떻게 살아왔는지 알 수 있거든요. 어떤 심리를 갖고 있는지, 어떤 마음 상태인지가 훤히 들여다보입니다.

●

진짜 멋쟁이가 되려고 한다면 개별 옷 한 벌 한 벌에 초점을 맞추는 게 아니고 내 옷장에 어떻게 가장 핵심적인 옷들을 채울 것인가, 어떻게 그것을 오랫동안 입을 것인가 생각하는 태도가 필요합니다.

그저 어느 한 계절에, 어느 한 시간대에 유행하는 옷을 따라 입는다고 해서 그 사람이 그 옷을 철저하게 소화할 수 있느냐, 그 문제는 아닌 거거든요. 철저하게 선별하고 심혈을 기울여서 그 옷장을 하나씩 채워가야 됩니다. 세월의 힘에 흔들리지 않게끔 그것이 여러분의 패션을 진정한 클래식으로 만드는 것이고, 시대의 흐름에 흔들리지 않는 진정한 멋쟁이로 만드는 게 아닐까요.

결국 스타일이라는 문제는 하루아침에 이루어지는 것이 아니라 오랜 시간 동안 자기 자신이 세상에 대해서 내가 어떻게 옷을 입고, 어떻게 의사결정을 했는지를 매일매일 기록해가면서 만들어가는 하나의 일지 같은 겁니다. 그리고 그걸 기록할 때 내가 어떤 색상의 옷을 입었고, 어떤 실루엣의 옷을 입었고, 어떤 브랜드의 옷을 입었다는 걸 기억하고 그걸 기록하기보다 내가 이 옷을 입고 누구를 만날 건지, 무슨 일을 할 건지, 그리고 어떤 일을 앞두고 무슨 옷을 입었을 때 그때의 어떤 기대감 같은 것들을 정리해보기를 추천해드립니다.

옷은 어떤 브랜드를 입는 선택의 문제라기보다는 결국 내가 하루하루를 어떻게 체험하고 어떻게 누리고 어떻게 느낄 것인가에 대한 답이 먼저 나와야 잘 입는 게 아닐까요. 코코 샤넬이 이런 말을 했는데, 여자를 만나는 남자들에게 했던 조언입니다.

●

"여자를 만나러 갔을 때 옷만 기억되는 여자라면 그 사람은 만나지 마라."

옷은 인물을 받쳐주는 최고의 배경이지만 그 주인보다 더 드러나서는 안 되는 것이죠. 결국 그 모든 사물과 관계를 맺고 있는 사람의 행동거지와 누군가에게 건네는 도움의 손길이 깊이 있고 자신의 내면에서 나온다면 그 사람이 진짜 럭셔리, 패션 리더가 아닐까요?

김홍기(패션 큐레이터)

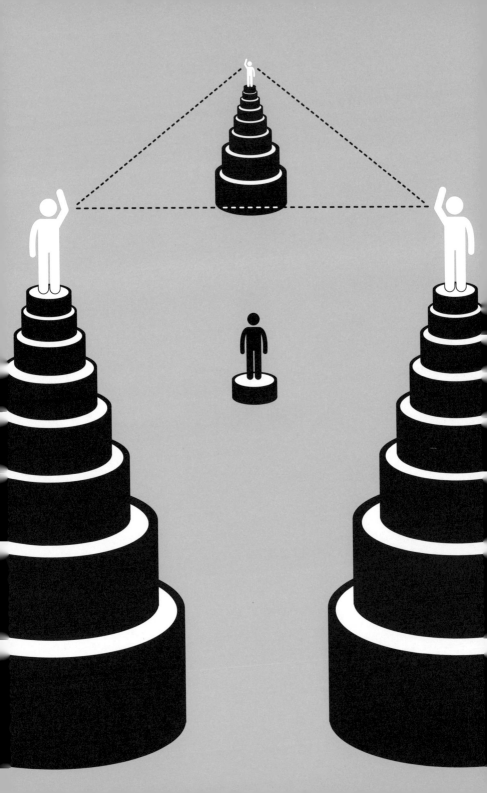

친구가 없는 당신이
반드시 들어야 할 대답

친구를 잘 사귀는 능력도 타고나는 면이 조금은 있어요. 머리가 좋은 것이나 운동을 잘하는 것, 노래를 잘 부르는 것과 마찬가지죠. 사람들을 보면 순간적으로 교감을 잘 나누고 친밀한 관계를 빨리 쌓아 올리는 사람이 있습니다. 깊은 관계를 맺기 위해선 그런 능력이 중요합니다.

관계도 탑을 쌓아나가듯이 탁탁 쌓아 올려야 되는데, 그러기 위해서는 순간의 타이밍이 중요하거든요. 그런데 상대와 가까워지는 느낌을 만들 수 있는 타이밍을 잘 못 잡고 '아, 그때 내가 그 사람한테 그렇게 말해줬어야 되는데' '왜 그때 그 말을 내가 안 해줬지' '아, 그 사람은 그걸 바랐었는데' 이런 것이 집에 와서야 생각나고 일주일 지나서 생각나기도 합니다. 그런 능력은 타고나는 것이기에 상대에게 주파수를 못 맞추는 사람은 이런 부분이 잘 안 돼요. 이론적으로는 알아도 실전에서는 못하죠. 이걸 극복하는 방법이 한 가지 있습니다.

●

친구를 못 사귀는 사람끼리 사귀어 보는 겁니다. 어느 집단이나 외로운 사람들은 있거든요. 어차피 나와 비슷한 인물은 또 있어요. 그 사람을 찾아 가볍게 만나면서 친해지는 연습을 하는 것이 제일 좋아요.

그런데 친구 사귀는 데 약한 분들을 보면 대부분 친구가 많고 사교적인 사람한테 다가가려고 합니다. 그들과 친해지면 자신의 사교성 문제가 한 번에 해결될 것만 같거든요. 그런데 그게 잘 안 됩니다. 왜냐하면 사교적인 사람들은 나 말고도 다른 친구가 많아요. 그중에는 나보다 재미있는 친구들도 많죠. 그래서 그 사람은 내게 깊은 관심을 주지 못합니다. 그러면 우리는 거기서 또 상처받고 '나는 왜 친구를 못 사귀나' 이런 생각을 하게 되거든요. 전 그런 상처를 군이 받을 필요는 없다고 생각합니다.

다른 방법은, 친구를 잘 만드는 사람을 가까이에서 자꾸 관찰을 해보면 좋아요. 저 사람은 말을 어떤 방식으로 하나, 어떻게 관계를 이어나가나, 이렇게 자세히 살펴보면 친구 관계를 잘 만드는 사람이 자기와는 굉장히 여러 점에서 차이가 난다는 것을 발견할 거예요. 그중에서 내가 바꿀 수 있는 부분, 쉽게 배울 수 있는 부분은 좀 바꿔보는 것도 좋습니다. 물론 '이건 내가 바꾸려고 해도 바꾸기 어렵다' 싶은 부분은 내려놓아야겠지요. 그러면서 자기를 조금씩 업그레이드해나가는 수밖에 없습니다.

"남의 단점에 관대하면 친구 사귀는 게 쉬울까요?"라고 묻는 분들이 있습니다. 남의 단점을 가볍게 보는 것은 친구를 사귈 때보다는 친구와 관계를 유지할 때 중요한 부분이에요.

단점을 잘 보지 않는 사람이 일반적으로 관계를 길게 끌고 갈 수 있습니다. 누구나 단점이 있고 남의 단점은 잘 보이는 법이죠. 그런데 그 단점을 보고 '저 사람 저거 때문에 별로야' '저거 때문에 재수 없어'라고 생각하면 그 싫은 마음 때문에 그 사람에게 잘해주고 싶지 않거든요. 그러면 나도 모르게 상대에게 내 마음을 잘 표현하지 못하게 되고, 깊이 있는 관계가 어렵게 됩니다.

그렇기 때문에 연인 관계든 부부 관계든 부모 자식 관계든 동료 관계든, 어느 정도 관계가 진행되면 단점을 보기보다는 그 사람의 장점, 즉 그 사람과 나와의 관계에서 좋은 점에 자꾸 주목하는 게 필요합니다.

처음 사귈 때는 매력이 의미가 있어요. 매력에는 여러 가지가 있습니다. '저 사람 문화예술을 잘 아는 것 같다, 저 사람은 굉장히 스마트하다, 유머 감각이 있다, 잘생겼다' 등 아주 다양하죠. 우리는 그런 매력을 가진 사람에게 우선 끌려요. 하지만 그런 부분은 타고나는 면이 큽니다. 그런데 그런 타고난 매력이 없다고 하더라도 나를 잘 알아주고 이해하고 공감해주는 사람, 내 말을 들어주고 배려하는 사람도 매력

있잖아요. 이런 매력은 노력해서 만들 수 있는 또 다른 매력
이죠.

자신이 가진 능력 중에서 남에게 매
력적으로 보일 수 있는 부분은 무엇
인가 정리해볼 필요가 있어요.

가끔은 자신에게는 타고난 매력이 전혀 없다고 생각하는
분들도 분명히 계실 거예요. 그러나 저는 한두 가지의 매력
은 쉽게 만들 수 있다고 생각합니다. 예를 들어, 사람들은 남
의 인정을 무척 받고 싶어 하는 본성을 갖고 있어요. 그렇기
때문에 자기를 잘 인정해주는 사람을 좋아해요. 굉장히 쉬운
방법입니다. 남한테 반응만 잘해줘도 상대방이 나에 대해서
호감을 갖게 되는 거예요.

그러면 어떻게 반응해주면 좋을까요? 생각보다 쉽습니
다. 누가 나한테 어떤 반응을 해주었을 때 기분이 좋았는지
를 떠올려서 정리해보는 거예요. 그리고 나도 앞으로 다른

인간관계에서 사람들에게 그렇게 반응하면 되겠죠. 사람들을 인정하고 공감하는 방법을 잘 써먹으면 그것만으로도 꽤 매력 있는 사람이 될 수 있습니다.

또 자기가 좋아하는 분야, 잘하는 분야가 있다면 그것에 관해서 이야기를 하는 것은 어렵지 않거든요. 어떤 이야기든 맛깔나게 하는 것은 타고난 재주지만, 자기가 잘 아는 분야는 누구라도 재미있게 말할 수 있잖아요. 누구나 한두 가지를 오랫동안 하다 보면 그 분야와 관련된 주제는 즐겁게 이야기할 수 있는 것 같아요. 그건 시간문제라는 생각이 듭니다.

기생충 박사로 유명한 서민 선생님이 제 대학교 선배세요. 그분은 늘 자기가 못생겼다고 강조를 하시잖아요. 대학 다닐 때부터 그러셨어요. 선생님은 자신이 못생겼기에 사람들이 자기를 호의적으로 보게 하려면 어떻게 해야 할까 고민을 많이 하셨다고 해요. 그중 한 방법으로 재미있는 말을 많이 해야겠다고 마음먹고 그때부터 열심히 재밌는 말을 메모했다고 합니다. 제가 대학 때 그분의 수첩을 본 적이 있어요. 어떻게 말하면 사람들이 재밌게 느낄지를 수첩에 빼곡히 적어놓고, 실제 사람들의 반응까지 다 적어두셨더라고요. 이런 노력을 통해서 유머 감각을 만든 거예요.

요즘 '덕후'라는 말을 쓰잖아요. 자기 나름의 분야에 깊은 관심이나 애착을 가지면 오랜 시간이 지나면 그 분야에 대해서만큼은 대단한 수준의 경지에 도달할 거예요. 당장 매력적인 사람이 되는 것은 어렵겠지만 몇 년간 꾸준히 노력하면 어느 한 분야에서는 매력을 가질 수 있고, 거기에 더해서 상대에게 공감하는 능력까지 가진다면 상당히 매력 있는 사람이 될 거라고 생각합니다. 한번 만나보고 싶은 사람, 얘기하고 싶은 사람, 또 저 사람과 있으면 편한 사람이 될 수 있을 거예요. 우리 모두는 당장 변할 수는 없지만, 시간과 함께 결국은 변할 수 있습니다. 인기도, 매력도 분명 그렇습니다.

서천석 (정신건강의학과 전문의)

함께
읽으면 좋은   **!**   행복하지 않은 당신이 반드시 들어야 할 대답 24페이지
성장문답   돈이 없어 불행한 당신이 반드시 들어야 할 대답 44페이지
                쉽게 상처받는 마음 약한 당신이 반드시 들어야 할 대답 134페이지
                SNS에서 남들 잘사는 걸 보면 우울해지는 당신이 반드시 들어야 할 대답
                248페이지
                공부 잘하는 옆집 아이와 비교하며 힘들어하는 당신이
                반드시 들어야 할 대답 256페이지

미움받을 용기가 없는 당신이
반드시 들어야 할 대답

사람이 좀 편히 살려면 미움받을 용기를 가져야 됩니다. 여러 가지 이유가 있고 모든 사람과 꼭 연관됐는지는 모르지만, 우리 뇌 속에 들어가 있는 많은 생각 중에 잘못된 것이 많거든요. 대표적인 것이 모든 사람에게 다 사랑받고 싶어 한다는 겁니다. 따지고 보면 말 같지도 않은 이야기입니다. 왜냐하면 세상의 진실과 어긋나기 때문이에요. 그 생각이 나쁜 게 아니라 모든 사람한테 사랑받기 위해서 노력해봤자 둘은 날 싫어하고, 일곱은 관심 없고, 하나만 나를 좋아해요. 내가 하고 싶은 이야기를 솔직하게 하고, 눈치를 보지 않았을 때 반응이 보편적으로 그렇다는 겁니다.

모든 사람한테 이런 강박이 들어가 있거든요.

●

노력하면 된다고 하는데, 세상에는 노력해도 안 되는 게 많아요. 특히 관계는 더 그렇습니다.

괜히 싫은 사람이 있잖아요. 나한테 잘하는데도 싫은 사람이 있어요. 별로 잘하지도 않는데 잘해주고 싶은 사람이 있고요. 그건 복잡 미묘한 게 다 엮여 있기 때문이지요. 사실은 나를 은은하게 바라봐줄 수 있는 친구 한 명만 있어도 행복하다고 우리가 세팅을 한다면 훨씬 행복하게 살 수 있어요. 그게 진실이거든요. 그런데 그런 사람을 한 명도 얻기 어려워요. 왜냐하면 사람은 다 다르기 때문이죠.

다른 측면에서 "어떻게 하면 사람 간의 갈등을 해소할 수 있을까요?"라고 질문한다고 합시다. 제 대답은 "못합니다"예요. 왜냐하면 사람들은 스타일이 다 다르거든요. 일단 스타일이 부딪혀서 안 되고요. 그토록 사랑해서 결혼한 부부도 멀어지는데 어떻게 형제간에 갈등이 없을까요? 형제는 내가 선택한 것도 아니에요. 그냥 같은 부모 밑에서 태어났을 뿐이에요. 부모 자식도 마찬가지예요. 부모가 자식을 선택했나요? 자식이 부모를 선택했나요? 유전자가 확률적으로 비슷하긴 하지만 다르게 태어났잖아요. 그나마 가까워야 되는 관계가 부부인데도 사이가 멀지요. 내가 선택해도 어려운 겁니다.

남녀만 해도 굉장히 다르고, 기본적으로 인간 안에는 이중적인 욕구가 있어요. 나의 영역에 누가 들어오면 싫어하고 거리를 유지하려는, 독립과 자유에 대한 욕구가 있습니다.

그러면서 동시에 누군가와 가까워지고 싶은 친밀에 대한 욕구가 있어요. 그러니까 부딪힐 수밖에 없는 거예요. "우리 부부는 전혀 갈등이 없어요"라고 말하는 부부가 있다면 정말 잉꼬부부일 수도 있지만 남남처럼 멀어져서 그럴 수도 있습니다.

세상을 어떻게 바라보느냐가 중요합니다. 행복 강박, 즉 '트라우마를 다 없애버리겠다, 100퍼센트 긍정적인 느낌으로만 가고 싶다' 이런 현실적이지 않은 목표를 두다 보면 더 힘들어집니다.

미움받을 용기는 특별한 게 아니에요. 나를 미워할 사람이 세상에는 최소 20퍼센트가 있기 때문에 내 맷집을 길러야 됩니다. 이상한 게 아닙니다. 저 사람도 나를 미워할 수 있는 자유가 있는 거야 라고 편하게 생각하는 게 좋아요.

윤대현 (서울대 정신건강의학과 교수)

함께 읽으면 좋은 성장문답 **!**

콤플렉스 때문에 힘든 당신이 반드시 들어야 할 대답 18페이지
게임을 끊지 못해 고민하는 당신이 반드시 들어야 할 대답 112페이지
고통스러운 기억으로 힘들어하는 당신이 반드시 들어야 할 대답 148페이지
야동을 끊지 못해 점점 말라가는 당신이 반드시 들어야 할 대답 212페이지
사과할 줄 모르는 당신이 반드시 들어야 할 대답 234페이지

3장

결정,
인생을 좌우하는
선택의 기로에서

...

...

선택이 어려운 당신이
반드시 들어야 할 대답

삶을 관통하는 선택의 기준이나 지혜는 사실 없다고 보는 데요! 개인적으로는 있지만 보편적으로 소개할 만한 건 아니에요.

●

저는 무언가를 결정할 때 모든 가능성들과 최대한 병행하는 스타일입니다. 선택을 마지막 순간까지 미루는 스타일인 거죠.

저는 문과, 이과 선택을 상당히 고민했었어요. 누나가 둘 있는데, 누나 둘을 보니까 문과, 이과 중에서 하나를 선택하는 게 상당히 고민스러운 과정이더라고요. 그래서 저도 문과로 가야 되나, 이과로 가야 되나 고민하다가 마지막 순간에 약간 동전 던지듯 선택을 했습니다. 그리고 대학 때 전공을 하다가 새로운 전공 영역에 관심이 생겨서 결국 대학원에 갈 때는 전공을 바꿨습니다. 전공을 바꿔서 어렵긴 했지만 한 2년 정도 양쪽 공부를 병행했어요. 그러면서 '내가 이걸 계속해야 하나, 저걸로 바꿔야 되나'를 적어도 1년 반 이상 고민했던 것 같아요. 그런 과정을 거치면서 최종적으로 '바꿔야 되겠구나'라고 생각했죠.

또 대학원 박사 과정을 할 때 개인 과외를 하다가 우연히 학원 강의를 하게 되었습니다. 아르바이트 강사를 이틀씩 해보지 않겠냐는 제안을 받아서 별생각 없이 시작했어요. 그런데 그게 의외로 저한테 잘 맞고 평가도 괜찮게 나왔습니다. 그래서 박사 과정 논문을 준비하면서 상당히 오랫동안 학원 강의를 병행했어요. 주경야독이 아니라 주독야경이 된 셈이죠. 낮에는 대학원 연구실에 가서 논문을 준비하다가, 저녁때나 주말이 되면 강의를 하는 생활을 오래 하다가 결국 논문

쓰는 걸 포기하고 사교육으로 완전히 넘어가서 메가스터디 창업에도 참여하게 되었습니다.

●

자기가 어느 정도 사회적 지위에 오르고 자신감이 생기기 전까지는 최대한 병행해볼 것을 권해드립니다.

제 경험으로는 그렇습니다. 마지막 순간까지 주어진 환경 안에서 최대한 병행해서 경험을 하다 보면 합리적 선택을 하기가 쉬워져요.

제일 어려운 경우가 연애인데, 두 여자를 계속 사귀다가 마지막에 하나를 고른다는 게 안 되잖아요. 이처럼 안 되는 경우도 있어요. 그래도 가능하다면 그렇게 해보라는 겁니다. 어느 정도 사회적인 지위나 기반, 이런 것들이 생기고 나면 그땐 좀 과감하게 바꿀 수도 있습니다. 제가 사교육 업계에서 스타 강사로 불리면서 돈을 잘 벌다가 그만둘 때 하루아침에 그만뒀습니다. 어느 날 갑자기 그냥 확 그만둬버렸는데,

어느 정도 사회 경험이 쌓이고 나름대로 '내가 이 정도 돈을 모았으면 다른 일을 해도 되겠다'라는 판단을 하게 된 이후에는 하루아침에 바꿀 수 있었던 거죠.

일단 젊은 시기에는 선택을 좀 조심스럽게 하시고, 만약 두 가지 길이 있으면 최대한 병행하면서 마지막 순간에 선택하기를 권하고요. 과감하고 급격한 선택은 좀 나중에 할 수 있을 겁니다.

이범 (교육평론가)

함께
읽으면 좋은
성장문답

밑천이 없는 당신이 반드시 들어야 할 대답 52페이지
초등 자녀 공부로 걱정하는 당신이 반드시 들어야 할 대답 266페이지
초등 자녀 영어 공부로 걱정하는 당신이 반드시 들어야 할 대답 276페이지

중소기업 직장인인 걸
부끄러워하는 당신이
반드시 들어야 할 대답

사회에서의 시각에 대한 문제인 것 같아요. 선택을 할 때 내가 그 선택의 주인이 되었느냐, 아니면 선택지 중에서 내가 할 수 있는 것을 고르는 것이냐의 문제인 것 같습니다.

재밌게도 저도 그런 경험이 있습니다. 저희도 중소기업이잖아요. 저희 회사에 다니던 친구 하나가 갑자기 그만둔다는 거예요. 이유를 물었더니, 결혼을 해야 되는데 처가가 될 곳에서 안정적이지 않은 회사를 다닌다고 걱정하시더라는 거예요. 그 여자를 사랑하기 때문에 결혼을 하기 위해서라도 대기업에 가야 될 것 같다고 얘기하며 떠났던 일이 있었어

요. 그 경우에는 내 눈높이가 아니라 상대의 눈높이에 나를
맞춘 거죠.

●

결국 이 고민은 내가 왜 살고 있는
지, 내 삶의 주인은 누구인지에 대한
질문을 하게 만들어주는 거 같아요.

단순히 중소기업 대 대기업으로 양분할 문제는 아닌 것
같고요. 내가 선택을 했을 때 나의 눈으로 바라보았느냐, 타
자의 눈으로 보았느냐에 대한 부분에서 가장 큰 갈림길이 시
작되는 것 같아요. 내가 사는 삶 속에서 어디에 가치를 둘 것
인가를 고민하는 게 먼저인 것 같습니다.

그다음에 그 가치를 도와주는 직장인지, 가치와 상반되는
직장인지에 대한 부분을 보아야 할 것 같아요. 가치가 없으
면 결국에는 물질주의로 가기 때문에 수평 비교를 하게 되거
든요. 수평 비교를 하게 되면 소득이 높은 회사가 유리해지
죠. 이것은 대기업이냐 중소기업이냐가 아니라 소득이 좀 더

높은 직업과 아닌 직업의 차이에서 출발하는 것 같아요.

그러면 그다음부터는 내 삶의 기준이라는 것을 물질적인 것만으로 놓기 쉬워져요.

‘내 모든 생활은 적어도 이 정도 레벨은 유지해야 돼’라고 하기 시작하면, 그때 그 레벨은 자신도 모르는 사이에 취향이 아니라 돈에 의해 결정되기 쉽다는 거죠.

하다못해 해외여행은 꼭 가야 되는 거고, 내가 살면서 얻게 되는 각종 물건이나 소유하는 것에 대해서도 비싼 것이 좋아지게 되는 거죠. 그런데 많은 선배들의 경험 혹은 학자들의 공부가 그것이 꼭 행복을 보장한다고 얘기하지는 않는 것 같아요.

●

그렇다고 중소기업에 다닌다고 해
서 일방적으로 낮은 소득을 얻는 걸
당연시하라는 이야기는 아니에요.

오히려 중소기업에 다니는 직장인이 더 나은 처우를 얻을
수 있도록 개선하고 바꾸는 것이 먼저인 것 같고요. 본인이
가지고 있는 생각 자체가 소득만으로 비교되는 것이 아닌,
좀 더 건전한 생각을 갖는 게 다음인 것 같아요. 그 두 가지
가 같이 이루어져야 한다고 봐요. 중소기업에 가는 것은 힘
든 일이고 그걸 감수하는 것이 네 직분이라고 얘기하는 것은
너무 폭력적이라는 생각이 듭니다.

●

한꺼번에 싸잡아서 중소기업, 대기
업이라고 보는 것보다 내가 지금 일
하고 있는 기업이 어떤 기업인지, 그
기업이 하는 일 속에서 내가 어떤 일
을 하고 있는지, 내 삶의 목적이 궁극

적으로 어떤 것인지를 한번 돌아보시
는 게 어떨까요.

그 모든 것이 맞지 않는다면 중소기업이 아니라 대기업일
지라도 허무해지는 것이기 때문에 다시 생각해보셔야 될 것
같고요. 만족감이 높다면 그때는 당연히 자부심을 얻을 수
있겠죠. 자존감을 위해서라면 먼지 내 삶의 중심이 어디에
있는지를 확인하는 과정이 필요합니다.

송길영(다음소프트 부시장)

함께
읽으면 좋은
성장문답 ! 자기 적성을 몰라 헤매는 당신이 반드시 들어야 할 대답 36페이지

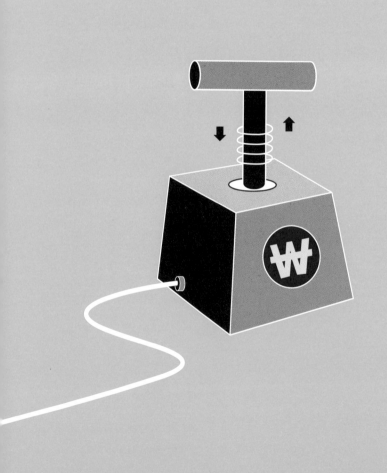

지금 직장이 싫어서 창업을 고민하는 당신이 반드시 들어야 할 대답

남 밑에 있기 싫어서 창업을 하신다는 분들이 많은데 사실 말이 안 되는 이야기예요. 창업을 하게 되면 수많은 시어머니가 생겨요. 저도 직장생활을 7~8년 짧게 하고 창업을 했는데, 예전에는 회사 고객이었다가 내 고객이 되면 더 잘해 드려야 됩니다. 예전에는 직장 상사, 동료였는데, 고객이 되면 더 잘해야 됩니다. 오히려 시어머니들이 사방팔방에 다 생기면서 주변에서는 '너 사업하니까 잘나가지'라는 인식까지 생깁니다. 그런데 내 속사정은 그렇지 않거든요.

그래서 "준비가 안 된 창업은 안 됩니다"라는 말씀을 많이 드립니다. 직장생활을 하던 분이 창업을 한다고 하면 일을 정말 열심히 하셔야 됩니다. 그 직장 내에서 일을 열심히 하셔야 돼요. 홧김에 창업을 할 수는 없습니다.

●

창업을 생각한다면 일을 더 열심히 해야 돼요. 이전에는 단순하게 맡은 업무만 했다고 하면 이제부터는 프로세스를 다 보아야 합니다.

일이 돌아가는 과정을 모두 익히고 이 일에서 네트워킹할 수 있는 사람들도 다 내 편으로 만들어야 됩니다. 사업은 혼자 하는 게 아니기 때문에 인맥이 꼭 있어야 됩니다.

●

인맥이 있으면 일이 쉽게 잘 풀립니다. 그런데 인맥이라고 하는 것이 하루 이틀 만에 만들어지지 않지요.

어디 네트워킹 대회에 나가서 투자자 명함을 받았어요. 그 명함 한 장으로 할 수 있는 일이 생각보다 별로 없습니다. 어느 기업의 대기업 상무님을 안다고 해도 쉽게 도와주지 않습니다. 도와준다는 말은 다들 하는데, 그분들도 소속된 조직의 구성원일 뿐 자기가 의사결정을 할 수 있는 게 많지 않기 때문입니다.

예를 들면 회사를 나가기 전에 "나오면 내가 도와줄게"라고 말하는 사람은 많습니다. 그러면 내가 회사를 나갔을 때 그 사람이 도와줄 수 있는 위치에 있는지부터 봐야 됩니다. 의외로 그렇지 않은 경우가 상당히 많아요. 내가 그 핵심적인 사람을 알고 있느냐부터 확인해야 됩니다.

그런데 창업자 분들이 착각하시는 게 있습니다. 자기는 아주 좋은 아이템이요, 세상에 없는 아이템이라며 검토를 의뢰합니다. 그런데 갖고 나온 것을 보면 열정과 아이템만 있고 비즈니스모델이 없는 경우가 대부분입니다.

●

그러나 비즈니스모델이 없는 상태

에서 시장에 나오면 아무리 열정과
아이템이 있어도 백전백패하게 됩니다.

비즈니스모델이라는 게 사실 단순합니다. 갖고 있는 아
이템이란 건 단순하게 생각하면 고객한테 무엇을 줄 것인가,
사람들한테 어떻게 영업을 할 것이냐, 어떤 가치를 주느냐입
니다. 그런데 이 가치를 누구에게 줄지를 잘 고민하지 않습
니다. 그저 '이게 무척 좋으니까 누군가 와서 사 가겠지'라고
만 생각합니다. 그래서 그 고객이 누군지 구체적으로 확인하
지를 않습니다.

●

고객이 누군지 잘 살피고 이 고객한
테 과연 어떻게 그 가치를 전달할 것
인가를 깊이 생각해야 합니다.

유통의 형식이 모바일이 될 수도 있고, B2B가 될 수도 있
고, B2C 기업 대 기업 간이나 기업 대 고객이 될 수도 있습니

다. 그런 유통을 어떻게 해야 될지도 고민해봐야 됩니다.

이렇게 하다 보면 나는 고객에게 이런 가치를 줄 것이기 때문에 수익이 얼마큼 나올 거라는 예측을 할 수 있습니다. 이런 수익적인 측면을 생각하고, 그다음에 이걸 하기 위해서 나는 어떤 핵심 역량을 갖고 있는지, 무엇을 할 수 있는지 찾아야 합니다. 그게 그동안 쌓아놓은 업무 노하우일 수도 있고, 인간관계일 수도 있고, 어떤 특허를 갖고 있을 수도 있어요. 이건 핵심 자원입니다. 이 핵심 자원을 어떻게 쓸까, 활동을 어떻게 할까, 파트너는 누구로 할까 등을 따지다 보면 사업에 들어가는 원가가 나옵니다. 수익과 원가를 따지면 앞으로 이 사업을 해서 성공할지 답이 나옵니다.

이런 비즈니스모델에 대한 심각한 고민 없이 아이템만 갖고 승부를 보려고 하는 모습이 좀 아쉽습니다. 사업을 하려면 CEO처럼 보여야죠. 돈 꾸러 온 사람처럼 보이면 안 되잖아요.

사업을 하실 거면 내가 CEO라는 생각을 가지고 자신감 있게 자기의 비즈니스모델을 설명할 수 있어야 합니다. 아이템부터 시작해서 그 비즈니스모델로 수익을 얼마나 낼 건지, 비용이 얼마나 들 거고, 내 팀원은 누구고, 사무실은 어디에 뒀고, 사무실에 커피 메이커는 얼마나 좋으냐까지 술술 나올 정도가 되어야 합니다. 단순하게 '내가 사업을 하고 싶습니다'보다는 뭔가 좀 구성이 되고 체계적인 모습으로 시작해야 한다는 겁니다.

반면에 회사를 나오면 안 되는 분들이 있어요. 안정적으로 회사에 계시고 안정적인 것을 좀 생각하셔야 될 분이 있습니다. 주변에서 "요즘은 사업을 해야 돼. 창업이 대세래. 이거 괜찮을 거 같지 않아? 같이 한번 해볼래?"라고 말하면 솔깃해서 '나도 한번 해볼까?' 하는 사람입니다. 그분은 사업가 성향이 아니신 거죠.

저는 '사업가 성향'이라는 DNA가 확실히 있다고 생각합니다. 반대로 말씀드리면 안정적인 직장에서 계속 안정된 생활을 하고 있습니다. 아주 안정된 회사입니다. 이런 분이 제일 위험합니다. 상당히 역설적인데, 직장생활을 끝까지 할 수 없거든요.

●

100세 시대인데, 직장생활을 죽을 때까지 할 수는 없잖아요. 그러면 언젠가는 퇴사를 해야 하거든요. 그러니까 성장한다는 건, 직장에 있거나 창업을 했거나도 중요하지만 어느 자리에서든 최선을 다하면서 동시에 다른 것에도 기웃거릴 줄 아는 거라고 생각합니다.

한 가지만 계속할 수 없는 구조라면 다른 쪽도 보면서 차근차근 준비해나가는 것이 성장하는 게 아닐까요.

강대준(회계사, 인사이트파트너스 대표)

함께 읽으면 좋은 성장문답 ! 돈 모으는 재주 없는 당신이 반드시 들어야 할 대답 178페이지

INSERT COIN

게임을 끊지 못해
고민하는 당신이
반드시 들어야 할 대답

쾌락 시스템은 굉장히 중요하고 또 굉장히 강력합니다. 아무리 자기 통제를 잘하는 사람도 본능이 들고일어나 꿈틀대기 시작하면 통제하기 어렵지요. 어쩌면 그걸 통제하겠다는 생각 자체가 잘못된 것일 수 있어요. 그렇다면 어떻게 해야 할까요.

우선 내 본능에 대해서 잘못되거나 옳지 않은 것으로 여기는 게 더 안 좋습니다. 그런 본능이 오면 그냥 한번 씩 웃어주는 여유가 필요해요. '네가 꿈틀대는구나. 아직 살아 있구나.' 이 정도로 가볍게 생각하는 게 중요해요.

또 그것들과 계속 싸우면 그것들의 힘이 커져요. 누가 나한테 협박을 할 때 반응을 하면 협박범도 재미있어 하거든요. 그런데 협박을 하든지 말든지 마음대로 하라고 하면서 반응을 하지 않으면 그런 태도가 오히려 협박범한테 협박을 하는 식이 되거든요. 그래서 제일 좋은 방법은 본능의 협박에 대해서 무관심한 겁니다. 그게 역으로 최대의 협박이 됩니다. 그러면 그것들이 재미가 없어서 사그라지고 맙니다.

그런 의미에서 이 고민은 고민이 아니라고 봐요. 이건 고민이 아니에요. 사는 게 워낙 그런 거예요. 이걸 고민화하는 게 문제인 거죠. 오락을 할 수도 있잖아요. 하다가 '이거 너무 하면 안 되겠구나' 싶으면 또 착실하게 살면 됩니다. 기본적으로 이분은 중독증이 아니에요. 누구나 살다 보면 쾌락이 나를 지배할 때가 있거든요. 그런데도 착실하게 살고 계시잖아요.

●

만약 인생이 계속 상승 곡선만 그린다고 해도 문제 아닐까요? 인생은 계속 요동치는 거잖아요. 게임 좀 하면

성장문답

어떻습니까. 그래서 여기서 중요해지는 게 취미인데요, 즉각적인 쾌락 중심의 취미가 아니라 좀 느린 취미를 갖는 게 중요하다고 봅니다.

뇌에서 받아들이는 시스템이 다르거든요. 쾌락은 생존과 관련됐기 때문에 굉장히 빠르고 강력하게 자극을 줍니다. 문제는 여러 가지 심리적, 육체적 문제를 일으키는 걸로 되어 있습니다. 느린 쾌감이라는 것도 있어요. 예를 들어 우리가 조용히 걸으면 잔잔한 행복감이 오잖아요. 좋은 사람과 만나서 대화할 때도 마찬가지로 편안함과 행복감을 느낍니다. 물론 좋은 사람을 만나 대화하는 것보다는 배고플 때 초콜릿을 먹는 게 훨씬 반응이 빠르지만, 그러면 살이 찌겠지요.

이분에게는 조금 느린 다른 취미를 갖기를 권합니다. 그렇지 않으면 자꾸 자극을 찾게 되거든요. 자꾸 단시간에 문제를 해결하는 걸로 접근하면 안 되고, 그것 자체가 인생의 어떤 목적이 되어야 해요. 그래서 훈련이 필요합니다. 훈련은 곧 시행착오예요. 오락을 했다가 안 했다가, 오락을 했다가 안 했다가 하면서 뭔가 다른 취미를 찾는 거죠. 그런데 문제를 해결하는 식으로 거창하게 접근하면 괴로워집니다. 이런 분들이 있어요. 막 자책하면서 일기를 씁니다. '나는 왜 깨달았는데도 변하지 않을까.'

●

문제는 변하지 않는 게 아니라 당연한 것을 자책하는 게 더 큰 문제입니다. 머리로 안다고 해도 행동은 잘 변하지 않습니다.

시스템 자체가 그렇거든요. 그런 것에 대해 자책할 게 아니라 그냥 '이게 인생이다. 반복해서 내가 조금씩 나아지면 되지' 하고 받아들이는 여유가 필요합니다. 그걸 갖고 자신을 자꾸 쪼면 부정적인 방향으로 가서 오히려 더 변하지 않게 되죠. 왜냐하면 동기가 사라져버리게 되니까요.

어떤 행동 변화를 일으키기 위한 큰 원칙이 바로 자아 효능감을 키워우는 것이라고 합니다. 자아 효능감이란 것은 내가 마음먹었을 때 내가 원하는 대로 행동을 변화시킬 수 있다는 자신감이에요. 이걸 키워야 술을 끊든 오락을 끊든 다 할 수 있어요. 자아 효능감은 어떤 성취나 성공 경험이 제일 중요한 걸로 되어 있어요.

●

첫 성공을 제대로 경험하려면 목표가 크면 안 됩니다. 내가 단번에 담배를 끊겠다, 단번에 오락을 끊겠다는 것은 무리입니다.

이건 좋은 전략이 아니에요. 왜냐하면 실패할 확률이 너무 크잖아요.

동기부여 상담기술 같은 데서는 어떻게 동기를 부여하느냐 하면, 죽었다 깨나도 할 수 있는 걸로 일단 시작한다고 합니다. 예를 들면 일주일에 하루 5분 걷기 같은 거예요. 그런 측면에서 이분은 첫 성공 경험을 잘하신 거예요. 앞으로 계속해서 성공을 이어 가시려면 내가 왜 사는가에 대한 답을 해야 돼요. 왜 사느냐가 명확하지 않으면 힘들거든요. 놀랍게도 굉장히 성공한 분들조차도 인생의 목적이 뭐냐고 물어보면 대답을 못 하시는 경우가 많아요.

●

인생의 목적에 '열심히 산다'라는 대답은 굉장히 안 좋은 거예요. 심리학적으로 열심히 살겠다는 인생의 목적을 갖고 사는 분은 중독에 빠질 확률이 높아요.

불안 중심으로 자기를 끌고 가게 되거든요. 또 열심이라는 건 측정이 안 되기 때문에 계속해서 자기를 채찍질할 수밖에 없어요. 그런데 내가 아름다움을 느낀다는 건 좀 다른 이야기입니다. 내가 올봄에 벚꽃의 아름다움을 느꼈다고 한다면 내 인생의 목표가 해결된 거예요. 불안 중심이 아니라 가치 중심적인 삶으로 바꿔야 된다는 거죠. 그래서 요즘 심리 철학에서는 구체적인 게 좋다고 합니다.

예를 들어서 나만의 서재를 갖겠다, 죽기 전에 한 번 책을 쓴다, 이런 것들은 굉장한 상징성도 있으면서 실현 가능한 이야기죠. 본능의 지나친 어떤 공격에 대해서 내가 여유 있어지려면 그 본능이 주는 쾌감만큼이나 즐거운 다른 취미가 있어야 합니다. 그렇지 않고서는 불가능합니다. 술과 싸워서는 술을 이길 수 없습니다. 술만큼 뭔가 나한테 이완을 주는 다른 취미가 있어야만 술이 줄어드는 겁니다. 게임을 끊을 수 없다면 게임만큼 쾌감을 주는 무언가를 찾아야 합니다. 술과 게임 말고 인생에 자극을 줄 수 있는 다른 수단을 찾으시길 바랍니다.

윤대현 (서울대 정신건강의학과 교수)

함께
읽으면 좋은
성장문답 !

콤플렉스 때문에 힘든 당신이 반드시 들어야 할 대답 18페이지
미움받을 용기가 없는 당신이 반드시 들어야 할 대답 84페이지
고통스러운 기억으로 힘들어하는 당신이 반드시 들어야 할 대답 148페이지
아동을 끊지 못해 점점 말라가는 당신이 반드시 들어야 할 대답 212페이지
사과할 줄 모르는 당신이 반드시 들어야 할 대답 234페이지

여행 생각만 하고
막상 떠나지는 못하는 당신이
반드시 들어야 할 대답

뭐든지 첫 단추, 첫 발짝이 중요하다고 생각합니다. 시작이 있어야 그다음 단계가 풀려나가는 거니까요. 제 경우에는 킬리만자로 산과 에베레스트 산을 올랐어요. 그런 산을 올랐다고 해서 제가 맘만 먹으면 웬만한 산을 쉽게 올라가는 사람이냐, 그렇지는 않습니다.

저는 지금도 동네 뒷산 오르는 것조차도 힘들어요. 왜냐하면 운동화 끈을 묶는 게 그렇게 힘들 수가 없어요. 운동화 끈을 묶는 일이 너무 귀찮은 거예요. '괜히 나갔다가 땀 흘리면 어떡하지? 샤워해야 되는데 다치면 어떡하지? 낮에 중요한 일이 있는데 힘들고 피곤해서 졸면 어떡하지?' 이런 쓸데 없는 생각들이 아주 많아요.

●

그런데 일단 운동화 끈을 묶으면 동네 뒷산도 가고, 킬리만자로도 가고, 에베레스트도 가게 되는 거죠.

일단 한 발짝을 떼고 나면 그다음 발짝, 그다음 발짝을 가 다 보니까 그 멀리까지도 가게 되는 거거든요.

많은 사람이 세계일주가 꿈이라고 이야기를 합니다. 그런 데 막상 생각하기에 왠지 돈도 엄청나게 들 것 같고, 기간도 최소한 일 년은 잡아야 될 것 같습니다. 그렇게 하기에는 당 장 먹고살기가 힘들고 지금 다니고 있는 학교나 회사를 그만 두고 갈 수도 없는 상황이라고 생각을 하거든요. 저는 세계 일주를 꼭 한 번에 몰아서 갈 필요는 없다고 생각해요. 작은 여행을 여러 번 해도 되는 거거든요. 당장 내가 할 수 있는 것부터 해보는 게 어떨까요.

성장문답

이번에는 일본에 갔다 오자, 홍콩을 갔다 오자, 이런 식으로 한번 도전해보는 거죠. 그러고 나서 지도를 펼쳐놓고 이쪽으로 한번 갔다 오고, 저쪽으로 한번 갔다 오고 하다 보면 조끔씩 자신감이 생겨요. 자신감을 바탕으로 좀 더 긴 여행을 가는 겁니다.

한번은 어떤 청년이 저한테 찾아왔어요. 너무너무 세계일주를 가고 싶은데, 세계일주를 가야 하느냐 말이야 하느냐를 놓고 고민을 하더라고요. 그래서 제가 일단 당장 24시간 내로 아무 데나 갈 비행기 표를 끊어 오라고 했더니 일본 가는 비행기 표를 끊었더라고요. 그때가 봄이었는데, 벚꽃 아래서 기모노를 입은 여자와 사진을 한 장 찍어 오라는 미션을 줬어요. 그랬더니 이 친구가 일본에 가서는 '벚꽃이 안 피었네, 기모노 입은 여자가 없네' 하더니 결국은 교토를 찾아가서 벚꽃 아래서 기모노 입은 여자와 사진을 찍어 보냈더라고요.

그런데 기모노를 입은 여자한테 말을 거는 과정에서 일본 친구들이 생겼어요. 그 친구들이 나중에 한국에도 놀러오게 됐고, 그러면서 이 청년이 용기를 얻고 자신감이 생겨서 세계일주를 정말 떠나게 됐답니다.

심리적으로 가까운 나라가 있고 먼 나라가 있어요. 중국이나 일본, 동남아나 미국 같은 나라는 상대적으로 가깝게 느껴지지요. 유럽은 왠지 다른 세계 같아요. 즉 우리와 정서가 비슷하거나 영어권 나라에 갔다 오는 것부터 시작해서 자꾸 트레이닝을 해보세요. 그다음엔 심리적으로 조금 더 먼 나라도 가보고요.

●

저는 모든 두려움이 무지에서 비롯된다고 생각해요. 내가 모르기 때문에, 막막하기 때문에 두려운 거거든요.

예전에 제가 강연을 하는데 어느 부부가 제게 이런 말을 했어요. "수영 씨는 미혼이니까 전 세계를 자유롭게 돌아다닐 수 있지만 저희 부부는 애가 있어서 나갈 수가 없어요. 저희도 영국에 유학을 가고 싶지만 이미 결혼했고 나이도 많기 때문에 갈 수가 없어요." 그래서 제가 돈이 문제라면 혹시 돈이 얼마나 드는지는 알아보았는지 물어보았어요. 그랬더니

"아니요"라고 하시더라고요.

대부분 사람들이 그럴 거예요. 막연하게 하고는 싶은데 왠지 돈도 엄청 많이 들 것 같고 어떤 두려움, 모험, 이런 것들이 예상되는 거예요. 그런데 그런 걱정은 잠시 접어두고 실제로 한번 알아보세요. 일단 좀 더 알아보고 다른 사람들 이야기도 들어보고 다양한 정보를 받아들여보세요. 그다음에 고민을 해도 되지 않을까요.

사람이 죽기 전에 돌이켜보면서 '내가 그때 일을 더 많이 했어야 되는데, 내가 돈을 더 벌었어야 되는데' 이런 내용으로 후회하는 사람은 없어요. '내가 그때 더 많이 여행도 하고, 더 즐겁게 살고, 사랑하는 사람들과 더 많은 시간을 함께 보냈어야 되는데'라고 후회하잖아요.

아주 간단한 3단계 방법을 알려드릴게요. 1단계, 여행사 사이트에 들어간다. 2단계, 적당한 항공권을 찾는다. 3단계, 결제를 한다. 이게 바로 여행을 떠나는 방법이에요.

김수영(작가)

지금 대학에서
헤매고 있는 당신이
반드시 들어야 할 대답

대학에 들어간 학생들한테 제일 얘기해주고 싶은 것은 독립할 준비를 하라는 거예요. 대학을 다닐 때 청년들이 생각해야 되는 것은 나 혼자 힘으로 이 크고 험한 세상에 들어가서 살아갈 수 있는 준비를 갖추는 것, 그게 대학생활에서 제일 중요한 거예요.

이 준비를 갖추지 못하면 대학을 마치고 나이가 더 들어서도 부모의 품을 못 벗어납니다. 부모가 되었든 남이 되었든, 누구에게 의지하고 의존한다면 존엄한 삶이 되기 어려워요. 부모가 낳아서 이십 몇 년 동안 키워주고 공부시켜줬으면 이제는 자기 발로 서야 됩니다. 그 준비를 하는 것이 대학을 다니는 동안 제일 중요합니다. 좀 즐기기도 하고 연애도 하고 봉사도 하고, 그런 걸 잘 결합해야 되겠지만 기본적인 것은 일이에요. 나를 실현하고 나를 표현하고 단독자로서 타인에게 의존하지 않고 생활 자료를 취득할 수 있는 능력을 기르는 것, 이게 제일 중요한 거니까요.

조금 더 구체적으로 말씀을 드리면 첫 번째는 평생 동안 내가 해도 괜찮을 것 같은 일을 찾아야 돼요. 우리가 인생의 3분의 1을 자고, 깨어 있는 3분의 2 중에서 절반을 일을 하잖아요. 만약 즐겁지 않은 일을 하면서 평생을 살아야 된다면 인생의 절반이 괴로운 겁니다. 내가 평생 해도 즐거울 것 같은, 최소한 지겨울 것 같지 않거나 고통스러울 것 같지 않은 그런 일을 찾아야 돼요.

대학을 다니는 동안 전공을 결정하고, 전공 안에서도 세부 전공을 결정하고, 전공이 마음에 안 들면 그다음 선택할 대안을 생각해야 합니다.

성장문답

내가 과연 괴롭지 않게 할 수 있는 일, 더 바람직하다면 즐거운 마음으로 할 수 있는 일이 무엇인지를 조사하고 연구하고 찾아야 됩니다. 그리고 대학에 다니는 동안 그 일을 남들보다 훨씬 잘하면 좋아요. 최소한 남들만큼은 잘해야 돼요. 이게 진짜 스펙입니다. 전문성을 기르는 거죠. 막연히 스펙 늘린다면서 남 따라서 영어 실력 인증시험 보고 하는 것들은 도움이 안 돼요. 나에게 딱 필요한 것을 해야죠.

제가 대학 들어갈 때 생각이 나는데, 저는 제가 관심이 있는 분야를 간 게 아니라 이른바 세속적 출세에 유리한 학과를 지원했습니다. 지금도 그런 학생들이 많은 것 같아요. 기본적으로 내가 즐거움을 느끼는 공부를 하는 것과 그렇지 않은 공부를 하는 것에는 큰 차이가 있어요.

저는 청년들에게 이 얘기를 꼭 해주고 싶은데, 인생이 아주 짧고 부질없다는 거예요. 이제 막 세상에 나가는 청년들한테 무슨 소리냐 싶겠지만, 청년들이 세상을 정말 활기차고 보람 있게 잘 살려면 이 생각을 확실하게 해야 돼요. 인생이 정말 짧아요. 부질없어요. 남는 게 없어요. 위대한 지도자가 되고 대통령이 되고 해봤자 지난 수천 년의 역사 속에서 우리가 알고 있는 권력자가 몇이나 되나요? 그런 것들은 살다 보면 남기도 하고 안 남기도 하지만 기본적으로는 삶이 굉장히 짧고 덧없는 거예요. 우리가 유한한 존재로서 짧고 덧없는 삶을 사는데, 이 짧고 덧없는 삶을 '잘' 살려면 의미를 찾아야 돼요. 그 안에서 내 스스로 내 삶이 의미가 있다고 느끼면서 사는 것, 그 외에는 없어요.

●

나 스스로 내 삶이 의미가 있다고 느끼려면 어떻게 살아야 될까요? 우선 내가 원하는 삶을 살아야 합니다.

내가 원하는 삶을 내가 옳다고 믿는 방식으로 사는 겁니다. 만일 누가 돈을 내줄 테니까 따라가자고 해서 여행을 간다면 의미를 덜 느끼게 되겠죠.

인생도 그와 똑같아서 부모님의 기대, 사회의 평판 이런 것도 고려할 수는 있겠으나 그것을 주로 고려해서 그에 따라 자기 인생을 산다면 나중에는 엄청 후회할 거예요. '아. 괜히

이렇게 살았어. 그렇게 살지 말걸.'

우리가 딱 1박 2일간만 여행을 갈 수 있다고 하면 어디로 가겠어요? 한 달, 두 달이 아니라 딱 1박 2일만 갈 수 있다면 가장 가고 싶은 곳으로 가야죠. 그래야 갔다 와서 어떤 후회도 없을 겁니다. 여행도 그러한데 하물며 인생은 두말할 것 없지요. 남이 말하는 인생의 의미가 아닌, 내가 원하는 인생의 의미를 찾고, 그에 맞는 준비를 해나가는 첫 번째 관문이 대학생활 아닐까요.

유시민(작가)

함께
읽으면 좋은
성장문답

! 비판과 오해를 받는 당신이 반드시 들어야 할 대답 30페이지
인생의 철학이 없어서 고민하는 당신이 반드시 들어야 할 대답 60페이지
글쓰기가 두려운 당신이 반드시 들어야 할 대답 172페이지
역사 지식이 부족한 당신이 반드시 들어야 할 대답 186페이지

4장

상처,
고통스러운 기억에서
벗어나고 싶다면

쉽게 상처받는 마음 약한 당신이
반드시 들어야 할 대답

마음도 근육처럼 단단하게 만드는 마음 단련법이 있죠. 사실 감정적으로 예민하다는 것은 기본적으로 깊은 상처가 있는 경우가 대부분이에요. 내 마음속에 깊은 상처를 가지고 있기 때문에 작은 자극에도 쉽게 흔들리는 거죠.

나는 취약한 존재이고, 사람들은 나를 별로 좋아하지 않을 거라는 생각을 가지고 있는 분은 조금만 부정적인 말을 해도 쉽게 상처를 받습니다. 반면 '나는 저 사람이 좋아하든 말든, 다른 사람이 뭐라고 반응하든 상관없어.' '그건 저 사람 생각이고 내 생각은 달라. 저 사람은 나를 안 좋아하지만 나를 좋아하는 사람도 있어. 어떻게 다 나를 좋아할 수 있겠어? 내가 봐도 내가 이상한 점이 많은데.' 이렇게 대범하게 생각하고 가볍게 넘기는 사람들도 있습니다. 이분들의 내면에는 대개 별다른 상처가 없습니다.

결국 우리가 쉽게 자극을 받는 이유는 나의 내면 깊은 곳에 있는 상처 때문입니다. 우리 피부가 살짝 까졌다고 생각해보세요. 평소에는 어디에 살짝 부딪혀도 우리 살갗은 잘 견뎌냅니다. 그런데 피부가 살짝 까지면 스치기만 해도 너무 아픕니다. 이렇듯 우리 마음에도 스치기만 해도 아픈 부분이 있을 수 있습니다. 그럼 그 부분을 자꾸 돌이켜보고 그 부분에 대해서 해결을 봐야 되는 경우가 많습니다.

만약 어렸을 때 부모님한테 학대를 받았다고 합시다. 무슨 잘못이 있어서 학대를 받은 게 아니에요. 학대받고 싶지 않았고, 야단맞고 싶지 않았고, 맞고 싶지도 않았겠지요. 내가 대단히 무슨 잘못을 한 게 아니라 우연히 나를 낳은 부모가 폭력적이었던 거예요. 나는 우연히 그런 부모를 만나서 고생을 했어요. 만약 내가 다른 가정, 다른 조건에서 자랐다면 나는 다른 사람이 될 수도 있었어요. 또는 우리 부모가 나를 기를 때 상태가 좋았다면 내게 그런 학대를 하지 않았을 수도 있겠지요.

아쉽게도 조건이 좋지 않았고, 나는 그 순간에 상처를 입었어요. 그래서 지금 좀 더 힘들어하고 있을 뿐이죠. 그렇다면 이제는 그 속에서 나와야 합니다. 그때는 나올 수 없는 조건이었고, 나올 수 있는 능력도 없었으니까, 어렸으니까 무방비 상태에서 당할 수밖에 없었지만 이제는 아니잖아요. 지금은 그런 자기 자신을 보면서 '그때 너는 무방비였지만 지금은 내가 너를 도와줄 수 있어' 하고 고통받고 있는 그 상황에서 어린 시절의 나를 끌고 나와야 해요. 부모로부터 받은 상처에만 해당하는 것은 아닙니다. 나를 괴롭히고 상처를 준 관계라면 어느 경우나 마찬가지입니다.

저는 진료실에서도 이 과정에 대해 연습을 시키곤 합니다. 우선 상처받았던 과거의 상황을 떠올려보게 합니다. 그 사람이 상처 주는 말을 한 걸 떠올리면 기분이 확 나빠져서 감정이 상합니다. 그러면 그때 할 수 있는 것을 써보는 거예요. '역시 재수 없구나. 저 인간!' 이런 걸 속으로 말해보거나, 유머러스하게 받아치거나, 아니면 '늘 하는 소리니까' 하면서 모른

체하고 넘어갈 수도 있겠죠. 심호흡을 해보고 '세상에는 이런 저런 사람들이 있지' 하고 스스로 자기를 위안하는 방법을 자꾸 만들어보게 해요.

이처럼 과거에 내가 상처받았던 상황을 떠올리면서 계속 반복해서 대응법을 훈련하면 실제 상황에서도 그 방법을 써먹을 수가 있습니다. 그러면 같은 일이 반복되어도 상처를 덜 입게 되죠.

또 중요한 것이 사랑받고 싶은 욕구를 자제하는 것입니다. 사실 그 부분 때문에 정말 많은 사람이 힘들어해요. 우리 모두는 관계 속에서 남에게 인정받고 사랑받고 싶은 욕구가 많아요. 그런데 인정받고 사랑받으려면 내 것을 자꾸 내줘야 되거든요. 내 것을 내줄 것이 별로 없거나 나름 내줬는데 상대가 계속 요구하면 우리는 힘들어집니다.

이때는 왜 자신이 관심과 애정과 사랑을 받으려고 하는지, 왜 인정을 받으려고 하는지 잘 살펴봐야 해요. 굳이 그럴 필요가 없거든요.

성장문답

남이 나를 인정해준다고 해도 그건 그 사람에게 순간일 수 있습니다. 잘 보면 그 사람이 나한테 그렇게 아주 소중한 인물도 아니에요.

나에게 상처를 자꾸 주는 사람은 나에게 소중한 인물두 아닌데 계속 그 사람과 관계에서도 성공하고 싶어 할 필요가 있을까요? 그 관계가 특히 회사에서 만난 관계라면 굳이 거기서 인정받을 필요가 있을까요? 일에서 만난 관계는 일로 끝내고, 나한테 소중한 사람은 다른 곳에서 얼마든지 만들어갈 수 있습니다.

소중한 사람이 아닌 사람에게까지 내가 사랑받고 인정받으려고 하는 것은 아닌지 살펴보세요. 누구를 만나든 인정받기를 열망하고 있는 것은 아닌지 돌아보세요.

만약 그런 마음이 있다면 빨리 내려놓는 편이 좋습니다. 그 사람과는 일 관계에서만 만나는 거라고 생각하고 정리하면 오히려 더 마음이 편해질 수 있다고 생각합니다.

우리는 모든 관계에서 사랑받고 인정받을 필요는 없습니다. 모든 곳에서 사랑을 필요로 하는 사람은 지나치게 사랑이 고픈 사람입니다. 그리고 안타깝지만 사랑이 고픈 사람은 원하는 만큼 사랑을 받기가 어렵습니다. 우리는 모두 남보다는 자기가 소중하고, 사랑이 고픈 사람에게 나눠줄 만큼의 여유 있는 사랑을 가지고 있지 않은 경우가 많으니까요.

서천석 (정신건강의학과 전문의)

함께 읽으면 좋은 성장문답 !

행복하지 않은 당신이 반드시 들어야 할 대답 24페이지
돈이 없어 불행한 당신이 반드시 들어야 할 대답 44페이지
친구가 없는 당신이 반드시 들어야 할 대답 76페이지
SNS에서 남들 잘사는 걸 보면 우울해지는 당신이 반드시 들어야 할 대답 248페이지
공부 잘하는 옆집 아이와 비교하며 힘들어하는 당신이 반드시 들어야 할 대답 256페이지

열등감을 극복하고 싶은 당신이
반드시 들어야 할 대답

열등감이라는 게 '남보다 자기가 못하다는 생각'이잖아요. 세상이 참 넓다는 걸 알면 열등감이 해결되지요. 저 같은 경우는 항상 우리 반에서 못생겼거나 꼴찌에서 2등 했거든요. 그런데 나중에 제가 의대를 갔잖아요. 의대를 가보니까 못생긴 사람 천지더라고요. 그래서 거기서 열등감이 조금 해소가 됐어요.

크리스마스 같은 때 애인이 없고 집에 그냥 있으면 자신이 한심해 보이거든요. 근데 사람들 중에는 애인 없는 사람이 훨씬 많아요. 그리고 애인 있는 사람들이 다 행복한 사람이냐, 그렇지도 않습니다. 애인이 있어서 만나는 사람들 중에 권태기에 빠져 허우적대면서 괴로워하는 사람도 굉장히 많습니다. 무조건 애인이 없는 게 더 불행하고 애인이 있는 게 좋다, 이렇게 생각하는 것은 편견입니다.

세상 사람들을 많이 만나보면 '내가 그래도 나쁜 건 아니구나'를 쉽게 알 수 있는데, 그렇지 못하기 때문에 열등감에 빠지는 거죠. 그래서 사람이 책을 읽어야 되는 것 같아요. 책을 읽으면 정말 온갖 사람들이 다 나옵니다. 저만 해도 제가 젊을 때 책을 안 읽은 게 후회가 많이 되는데요.

●

저는 항상 스스로 남하고 비교하면서 자신이 한심하게 느껴지고 그랬습니다. 그때 만약 제가 책을 읽었으면 '내가 그렇게까지 나쁜 건 아니구나'를 빨리 깨달을 수 있었을 텐데 말이죠.

성장문답

지금이라도 책을 읽으면서 자신에 대해서 좀 더 많이 알게 되고 장점 같은 것도 깨달을 수 있는 것 같아요.

나머지 열등감은 어떻게 해소했는지 말씀드려볼게요. 제가 외모도 그렇고, 아버지가 무서워서 아버지의 사랑을 별로 받지 못했어요. 그런 것 때문에 남한테 인정받지 못한다는 생각을 많이 했고, 그렇다 보니 스스로에 대해서 비하 같은 게 많이 생기더라고요. 어느 날 제가 거울을 보다가 '이 얼굴에 이 목소리를 가지고 공부까지 못하면 인생을 어떻게 살 것인가' 하는 생각을 하게 됐어요. '공부를 열심히 해서 얼굴을 만회하자'라는 생각을 품고 공부를 열심히 하면서 제 인생이 조금 더 나아진 것 같아요. 자신과 무언가 약속을 하고 그것을 지켜나가는 과정에서 열등감이 조금 해소가 됐죠.

그래도 제가 인정받은 최초의 일은 글쓰기였던 것 같아요. 2009년에 어떤 신문에 칼럼을 쓰면서 제가 모르는 사람들로부터 인정받고 뿌듯함을 느꼈는데, 제가 그렇게 인정받기까지 글쓰기에서 실패를 굉장히 많이 한 것은 아마 잘 모르실 거예요.

제가 생각해봤을 때 스스로 남보다 글을 조금 잘 쓰는 것 같은 느낌이 들었어요. 왜냐하면 제가 반성문 같은 걸 쓰면서 칭찬을 많이 받았거든요. 그래서 글쓰기가 좀 된다 싶어서 책을 내고 여기저기 글을 쓰면서 무수히 많은 시도를 했어요. 그런데 그것들이 전부 다 실패하고 책을 낼 때마다 망했어요. 제가 쓴 『소설 마태우스』라는 책이 있어요. 거의 쓰레기 같은 책인데, 당시에는 정말 훌륭한 책이라고 생각했었죠. 나중에 보니까 너무 한심한 책인 거예요. 다행히 별로 안 팔렸고 저와 어머니가 다 사서 절판을 시켰습니다. 그 책을 갖고 있는 사람들이 지금도 가끔 협박 전화를 하고 그래요. 출판사 사장님 같은 경우는 꼭 제 책 때문에 그런 건 아니겠지만 제 책 두 권 내고 문 닫고 도망가셨어요. 그런 걸 보면서 많이 미안하고 그랬는데, 그럼에도 불구하고 글로 뜨겠다는 마음을 포기하지 않고 끝까지 글쓰기 연습을 했습니다.

제가 '하루에 두세 개씩 글을 쓰겠다, 일 년에 백 권씩 책을 읽자' 이 두 가지를 거의 십 년 이상 지키면서 살았던 것 같아요. 십 몇 년 되니까 글을 좀 잘 쓰게 되더라고요. 그래서 2005년 모 신문에 칼럼을 쓰게 됐어요. 그러다가 또 처절하게 실패했죠. 욕도 많이 먹고 결국 잘렸는데, 거기서 포기하지 않고 또 4년 동안 열심히 지옥훈련을 했어요. 2009년이 되니까 느낌이 오더라고요. 글을 대충 써도 거의 예술 같은, 남들이 막 감동하는 글이라는 느낌이 들었어요. '드디어 때가 왔구나' 싶어서 그때부터 칼럼을 쓰기 시작했고, 칼럼으로 세상에 이름을 알리게 되었죠.

자신과 약속을 하고 어떤 목표를 세운 다음에 그걸 지켜나가는 과정에서 열등감이 극복되는 것 같아요.

얼마든지 자기와 약속을 할 수 있는 거죠. 몸을 만들자, 하루에 몇 시간씩 운동해서 마라톤 풀코스에 도전하자, 자격증 몇 개를 따자, 이런 목표를 세우고 노력하면서 조금씩 극복할 수 있는 것 같습니다.

서민(단국대 의대 교수)

함께 읽으면 좋은 성장문답 ! 유머를 공부하는 당신이 반드시 들어야 할 대답 200페이지

고통스러운 기억으로
힘들어하는 당신이
반드시 들어야 할 대답

트라우마 이론이라고 하죠. 과거의 안 좋은 기억이 현재까지 영향을 미치는 건 사실인 것 같습니다. 프로이트, 융과 더불어 대표적인 정신분석학자인 알프레드 아들러 같은 사람은 '트라우마는 없다'라고 했는데, 그분 이론으로 요즘 쓴 책 『미움받을 용기』가 베스트셀러인데요. 트라우마가 없다는 얘기가 아니라, 트라우마가 있는데 그래서 어쩌겠냐는 이야기예요. 심지어는 우리가 트라우마에 숨기까지 한다는 거죠. 그래서 그걸 인생의 거짓말이라고 보는 건데, 좀 세게 이야기하는 면도 있습니다.

트라우마의 영향력을 부정하는 건 아닙니다. 그렇지만 그 트라우마에 대처하는 우리의 자세도 함께 살펴보자는 것이죠.

트라우마를 극복하는 한 가지 방법은 과거로 타임머신을 타고 가서 그때 것을 재구성해서 그게 영향을 덜 미치도록 하는 방법입니다. 그런 방법이 필요한 경우도 있고 잘 맞는 경우도 있지만, 연구나 실제 임상에서 보면 과거를 재구성해서 너무 파헤치다 보면 없는 과거까지 만들어지고 더 생생해져서 아예 현재가 과거라는 블랙홀에 들어가버리는 결과를 가져오기도 합니다.

트라우마가 없다고 말하는 건 트라우마를 받아들이자는 것이고, 자꾸 싸우지 말고 차라리 그 에너지를 현재에 투자하자는 이야기예요. 전화위복이라는 게 심리에서도 중요한 것 같아요. 본질적으로는 전화위복이라는 게 결국 의미를 가지려면 이런 거죠. 창조주가 있다면 인생이라는 것을 왜 만들었을까요? 많은 사람이 행복 중독에 빠져 살잖아요. 그런데 행복하냐고 물으면 아무도 행복하지 않고, 왜 행복하지 않은가를 물으면 나름의 이유로 또 트라우마를 얘기하는 거 아니겠습니까?

그런데 저는 인생이 행복하지 않은 거 같아요. 인생의 목적 자체가 행복한 사람이 없어요. 뚜껑을 열면 좋은 것도 있고 나쁜 것도 있지요. 나 행복한 사람 없고, 다 트라우마가 있어요. 기본적으로 인생은 행복해야 하는 거라고 느끼니까 이런 모든 문제가 생기는 면이 있거든요. 아무리 봐도 인생의 목적은, 제가 창조주를 만난 적은 없지만 '성숙'인 것 같아요.

●

성숙이라는 말은 예쁘지만 성숙하려면 통증이 필요합니다. 그 통증을 만드는 게 트라우마예요. 트라우마는 나한테만 있는 재수 없는 일이 아니라 정도의 차이는 있지만 모든 사람에게 다 있는 거 같아요.

'저 사람이 무슨 트라우마가 있겠어?' 싶은 사람에게도 보면 트라우마가 있습니다. 물론 더 큰 분이 있고, 작은 분도 있겠지요. 그러나 주관적으로는 자기 것이 제일 큽니다. 자신이 가장 심한 트라우마를 가진 사람이에요. 그런 의미에서 트라우마를 꼭 부정적으로만 볼 건 아니라는 거죠. 어떻게 보면 그게 또 성숙할 수 있는 동력이 될 수도 있는 겁니다.

●

저는 위인전을 별로 좋아하지 않아요. 왜냐하면 위인전은 인물들을 너무 대단하게만 그리니까요. 어쨌든 위인전의 구성을 살펴보면 태어날 때부터 잘나서 끝까지 잘났다는 내용은 없습니다. 트라우마가 있는 인물이 자신의 그것을 어떻게 극복했느냐, 거기에서 우리가 눈물을 흘리고 감동도 받습니다.

트라우마에 대해서는 그것도 하나의 삶의 구성 요소로 보고 좀 더 적극적으로 자기 상처를 사랑하면 어떨까 싶어요. 그게 충분히 하나의 동기가 돼서 내가 과거에 사랑을 못 받았다면 그만큼 사랑이 더 중요한 사람이 될 수 있습니다. 절대적인 트라우마 때문에 외상후 스트레스성 장애가 생긴 것에 대해서는 주변의 도움과 진료가 필요합니다. 그렇지 않은 삶의 어떤 자잘한 사건들에 대해서는 그것도 내 삶의 한 부분이라고 인정한다면, 이 결핍이 더 큰 에너지를 만드는 동기가 될 수도 있다고 생각하는 게 필요하지 않을까 싶습니다.

윤대현 (서울대 정신건강의학과 교수)

함께
읽으면 좋은
성장문답

콤플렉스 때문에 힘든 당신이 반드시 들어야 할 대답 18페이지
미움받을 용기가 없는 당신이 반드시 들어야 할 대답 84페이지
게임을 끊지 못해 고민하는 당신이 반드시 들어야 할 대답 112페이지
야동을 끊지 못해 점점 말라가는 당신이 반드시 들어야 할 대답 212페이지
사과할 줄 모르는 당신이 반드시 들어야 할 대답 234페이지

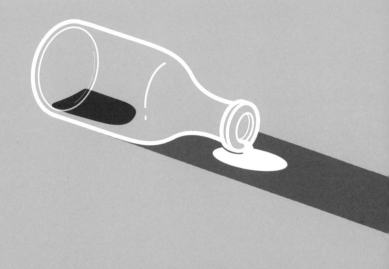

성추행당한 경험 때문에 고민하고 있는 당신이 반드시 들어야 할 대답

사람이 새로운 삶을 사는 건 언제든지 가능합니다. 어제하고 오늘은 다른 날이고, 오늘하고 내일도 다른 날이잖아요. 사람의 삶도 우리가 이전에 가지고 있던 여러 특성이 새로운 특성으로 당연히 변할 수 있습니다. 대부분 우리가 알고 있는 성추행이라는 경험은 단순히 성추행의 문제가 아니고, 수치심이 주제예요.

예를 들어 자위행위를 했다고 할 때, 여성의 자위행위와 남성의 자위행위는 조금 다를 수 있어요. 여성은 보통 예닐곱 살, 유치원에서 초등학교 저학년 아이들 중에는 의자에

앉아서 몸을 비비는 아이들이 있어요. 그 친구들은 사실 성적 쾌감을 느끼고 있는 건데, 그럴 때 누군가 제지하면서 "창피한 줄 알아야지"라고 말하거나 심지어 때리기도 해요. 그러면 무슨 일이 생기냐 하면, 내가 느꼈던 기쁨은 잘못한 거예요. 내가 한 행동이 잘못된 거고, 들켰고, 수치스럽죠. 그러면 죄책감이 느껴집니다. 이런 감정이 뒤범벅이 되면서 자존감이 바닥까지 떨어지는 겁니다.

수치심이 느껴질 수 있어요. 죄책감이 들 수 있어요. 부모님의 그런 태도가 당연히 영향을 미치죠. 우리가 성인이 된다는 건 내가 스스로 선택할 수 있다는 거예요. 생각을 선택하고, 감정을 선택하고, 행동을 선택하는 것이 바로 성인이거든요.

성추행과 관련해서 잠깐 말씀드리면, 내 아픔을 어디 가서 쏟아낼 순 있어요. 쏟아내는 게 중요한 게 아니라 그걸 쏟아낸 다음에 새로운 걸 채워야 되는데 과거만 계속 이야기하게 되면 새로운 게 들어갈 겨를이 없어요. 기억해야 될 것은, 그것 말고도 나는 새로운 선택을 많이 했었습니다. 그것 말고도 수치스러운 경험이 있었는데 그 수치스러운 경험을 딛고 나는 다른 선택을 해본 적이 있단 말이에요. 옛날에 겪은 그 성적인 경험이 굉장히 강렬했기 때문에 아주 꾹 박힌 도장처럼 남아 있을 수 있어요. 그것 역시 어떻게 보면 또 하나의 선택으로 대치가 가능하겠지요. 왜냐하면 다른 선택을 내가 해본 적이 있으니까요. 이 새로운 선택을 하는 게 어려운 경우라면 전문가의 도움이 필요합니다.

너무 어렵다, 못하겠다고 하는 경우는 전문가의 도움이 필요하겠지만 대부분 이미 선택을 하고 있어요. 왜냐하면 과거에 내가 성추행당했던 것을 아무한테도 이야기하지 않거든요. 이건 자기 스스로 과거의 사건을 통제하고 있는 거예요. 아픔도 있고 뜨끔뜨끔한 순간도 있는데 어느 정도 그럭저럭 일상이 유지되는 거예요. 이 사람은 언제든 새로운 선택을 할 수 있는 사람이에요. 성폭행을 당한 과거가 있다고 해서 사람들이 다 죽을 거라고 생각한다면 큰 오해인 것처럼, 내 과거에 힘들고 혹은 수치스러운 경험이 있다 하더라도 내가 그걸 침묵하고 때로는 뒤통수가 뜨끔뜨끔하더라도 일상이 그럭저럭 유지된다는 건 아무 문제가 없다는 이야기입니다.

남자 친구가 생겼고, 그 남자 친구를 의심해서 걱정이라는 사람도 있죠. 남자 친구가 생겼다는 것 자체가 성적으로도 새로운 선택을 하겠다는 거예요. 지금은 내가 사랑을 선택했고, 누구도 내 사랑을 비난하지 않고, 그 사람과 내가 살아가는 데 별 지장이 없어요.

●

내가 그 사람을 자꾸 꼬치꼬치 캐는 이유는 과거의 경험 때문이 아니에요. 내가 그 사람을 잃을까봐 불안해하는 겁니다. 자기 불안이에요.

이런 자기 불안은 내가 과거에 성적으로 겪은 문제 때문일 수도 있겠지만 현재 내가 가지고 있는 것을 헤아려본 적이기 때문일 수도 있습니다.

내가 가지고 있는 것들을 헤아려봐야 돼요. 대부분 의심을 하거나 강박적 행동을 하는 사람들의 전형적인 특징은 자신이 아무것도 갖지 않았다고 생각하는 겁니다. 뭔가에 집착

성장문답

을 한다는 건 자신에게 아무것도 없다고 생각하는 거예요. 나는 그 상대, 그 대상, 그 행동이 아니면 아무것도 없다고 생각하는 거예요. 이렇게 생각한다는 게 얼마나 안타깝고 안쓰러운지 모르겠어요. 없는 건 헤아리는데, 가지고 있는 걸 헤아리지 못하는 겁니다. 이건 굉장히 중요한 생각의 방향이자 판단의 기준이 뭔지를 보여주는 거예요.

누군가를 사랑하고 그 사람이 나를 사랑하게 되었다는 건 이미 사랑할 능력을 갖췄다는 겁니다.

생각의 차이이기는 한데, 과거에 대한 함구도 통제 능력이에요. 연인이 있다는 것은 누군가를 사랑할 능력이 있다는 것이고, 누군가의 사랑을 받고 있다는 겁니다. 이것을 우리가 선택이라고 부르죠.

저는 성인이 되어서 자기의 과거와 현재를 두고 고민하고, 특별히 과거와 현재의 연계성을 자꾸 찾으려는 분들에게 이렇게 이야기합니다. 선택하라고. 그리고 당신은 이미 선택했다고. 다만 이 선택이라는 게 늘 강력하게 우리를 꽉 붙잡고 있는 게 아니기 때문에 약간 느슨해질 때 우리는 불안해지고 그 불안을 과거에서도 찾고 연인에게서도 찾지요. 그럼에도 불구하고 다시 정상적인 생활을 유지하고 있다면 별 문제 없다고 봅니다. 그럭저럭 살 만하면 행복한 거예요. 별일 없으면 안전한 거고요.

나는 이미 선택해본 적이 있는가 없는가, 생각해보세요. 그리고 주변을 돌아봤을 때 과거를 내가 선택했는가, 연인은 내가 사랑한 사람이었는가, 내가 사랑한 그 연인이 내 옆에 있는가, 이 세 가지가 충족되어 있다면 이미 선택했으니 안심하라고 말씀드리고 싶어요.

이호선 (숭실사이버대학교 기독교상담복지학과 교수)

함께 읽으면 좋은 성장문답 ! 남편이 얄미운 당신이 반드시 들어야 할 대담 290페이지
배우자가 꼴도 보기 싫어 각방 쓰는 당신이 반드시 들어야 할 대담 296페이지

감정노동 때문에
힘들어하는 당신이
반드시 들어야 할 대답

텔레마케터로 일하는 20대 여성이 제게 물었어요. 반말이나 폭언을 하는 고객을 상대하는 게 너무 힘이 든다고요. 이런 대우를 계속 받다가 자존감을 잃어버리는 것은 아닌지 걱정하더군요. 일단 자신에게 폭력적인 언행을 하는 사람들에 대한 생각을 바꿔야 될 것 같아요.

예를 들어서 누가 나한테 어떤 말을 하느냐에 따라서 똑같은 말도 다르게 다가오거든요. 길을 걸어가는데 정말 제정신이 아닌 사람이 삿대질을 하고 욕을 한다고 하면 아마도 별로 신경 안 쓸 겁니다. 왜냐하면 그 사람이 제정신이 아니니까요. 물론 극단적인 예입니다만 정도의 차이가 있을 뿐이지 그렇게 아무 이유도 없이 상대방을 괴롭히는 폭언을 퍼붓는 사람들은 어느 정도는 제정신이 아닐 수 있거든요.

●

상대방을 제대로 보자고요. 제대로 보면 그 사람이 문제가 있는 거예요. 전혀 모르는 사람한테 그렇게 욕을 한다거나 감정을 상하게 한다면 그 사람에게 문제가 있는 겁니다.

병든 사람이죠. 그렇게 바라보면 상대방은 지금 많이 아픈 사람이에요. 그런 측은지심을 갖고 바라볼 필요가 있다는 생각이 듭니다. '나한테 이렇게 하는 걸 보면 저 사람이 어지간히 괴로운가보다'라고 생각을 바꾸면 그 상황에서 내 마음의 괴로움이 좀 줄어들 것 같습니다.

그다음에 동료들과 이야기를 많이 나누는 게 필요할 것 같아요. 텔레마케터의 경우에는 거의 비슷하게 같은 고충을

성장문답

안고 있을 겁니다. 그분들끼리 하소연하면서 똑같은 내용이 반복될지라도 좀 토로할 수 있는 시간을 많이 갖는 게 중요하다는 생각이 들어요. 경험을 공유한다는 건 정서적으로 서로를 지지해주는 효과가 있습니다. 또 서로 이야기를 나누다 보면 다 똑같이 당하고 있진 않을 거예요.

조금씩 다르게 내응하는 방식이 있을 테니 '이런 경우에는 이렇게 해보니까 달라지더라' 하는 지혜들을 모아갈 수 있어요.

물론 완벽한 답은 없을 수도 있지만 그래도 서로 조금씩 여러 사례를 모으고 배우다 보면 조금씩 상상력이 생길 거예요. 어떤 일을 접했을 때 그게 다라고 생각하면 못 빠져나오거든요. 다양한 것을 머릿속에 이미 갖고 있거나 경험을 했다거나 상상력을 가지고 더 넓은 시야에서 바라볼 수 있다면 여유롭게 먼 시선에서 바라볼 수가 있어요.

또 하나 중요한 것은 뭔가 시스템이 바뀌어야 되는 거죠. 이것은 이미 일부 회사에서 시행되고 있고 외국에서는 확실하게 자리 잡아가는 것 같은데요. 감정노동자들이 어느 한계 이상으로 힘든 상황에 직면했을 때 스스로를 보호할 수 있는 장치, 즉 회사 차원에서 어떤 매뉴얼이 필요합니다. 어떤 고객에 대해서는 경고 문구를 주고, 그래도 고쳐지지 않고 계속 그럴 경우에는 전화가 끊기게 되는 장치가 있다면 좀 더 안심할 수 있고 당황하지 않고 대응할 수 있겠지요. 서로 합의를 해가면서 이런 장치들을 마련하는 게 필요하다고 생각합니다. 자기가 일하는 사람으로서 권리, 이것을 확실하게 자각하셔야 해요.

단지 내가 돈을 받기 때문에 모든 걸 감내해야 된다는 생각에서 벗어난다면 당당하고도 정중하게 자기가 지금 겪는 어려움을 드러내고 합리적으로 바꿔갈 계기를 마련할 수 있을 것 같습니다.

성장문답

감정노동자들은 특히 감정을 많이 씁니다. 계속 깎여나가요. 그렇다면 뭔가 자기 안에 정서적 에너지 자양분을 충분하게 비축해두고 있어야겠지요. 그러니까 일하지 않는 시간에 자기 마음을 돌보는 작업을 꾸준하게 해야 됩니다. 구체적으로 이야기하면 그냥 잠만 자거나 술만 마시는 게 아니라 우선 운동을 하는 게 중요합니다. 스피노자가 '육체의 능동이 영혼의 능동과 평행한다'라는 멋진 말을 했지요. 몸에 기운이 있어야 마음도 버틸 수가 있습니다. 회복탄력성도 거기서 오는 거고요.

몸을 쓰고 햇볕을 쬐면서 산책하고 음악을 듣고 마음이 맞는 사람과 충분히 시간을 보내면서 위로도 받는 등 계속 채워가는 작업을 해야 합니다.

그렇게 하지 않으면 탈진되고 소진되는 게 계속돼요. 그걸 방치한 채로 또 그런 업무에 시달리면 나중에는 감당할 수가 없습니다. 감정이 두껍고 깊어야 어떤 것이 들어와도

완충을 해낼 수 있어요. 감정이 너무 얇으면 그냥 거기에 맞 받아치거나 자기가 짓눌려버리게 됩니다.

어떻게 하면 우리가 좀 더 강하면서도 부드러워질 수 있을까요. 이게 지금 우리가 사는 이 시대에 풀어내야 할 마음의 과제가 아닐까 싶습니다.

김찬호(성공회대 초빙교수)

함께
읽으면 좋은
성장문답   !   말 안 듣는 자녀나 동생 때문에 고민하는 당신이
반드시 들어야 할 대답   282페이지

5장

극복,
지금보다 나은 삶을
살기 위하여

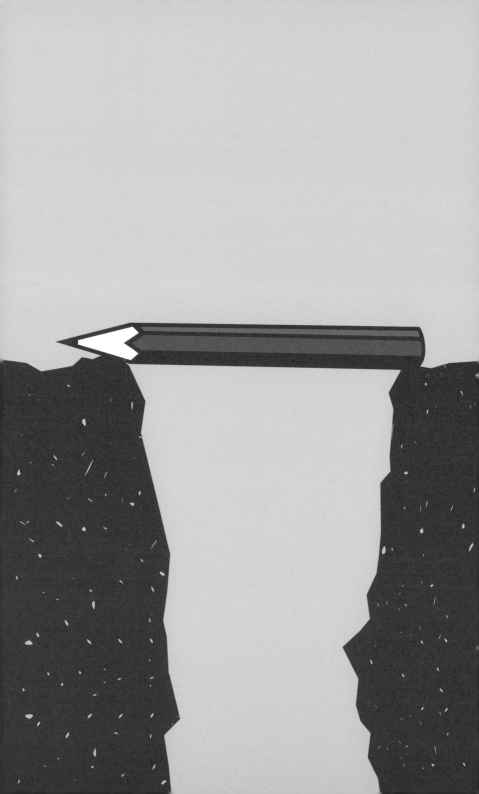

글쓰기가 두려운 당신이
반드시 들어야 할 대답

●

글쓰기도 일종의 자기표현이에요.
우리가 나를 표현하지 않으면 인생이
답답합니다. 내 안에 무엇인가가 있으
면 그걸 표현해야 돼요.

그걸 표현하는 방법은 다양합니다. 전문 강사들은 말로
표현하고, 가수들은 노래나 춤으로 표현하고, 이창호나 이세
돌 같은 사람들은 바둑으로 표현하는 거고요. 자기 자신의

내면에 있는 감정, 욕망, 소망, 충동, 이상, 이런 것들을 어떤 형식으로든 표현하면서 살아가고 있습니다. 글쓰기도 그중 하나예요.

그런데 글쓰기는 다른 것과 좀 달라서 어쩔 수 없이 해야만 하는 활동이기도 해요. 특히 지식기반사회, 정보통신혁명, 이런 것들이 이뤄지면서 글을 쓰고 유통시키는 데 비용이 거의 들지 않는 시대가 되었잖아요. 이게 수백 년, 아니 수십 년 전까지만 해도 내가 글을 써서 남한테 유통시키는 것은 대단히 비용이 많이 드는 일이었어요. 그런데 지금은 그렇지 않잖아요. 글을 쓰고 유통시키는 비용이 거의 없기 때문에 글쓰기가 우리 삶의 모든 영역에 다 스며들어 있습니다.

지금은 공부하는 데도 글을 써야 되고, 직장생활에서도 글을 쓰는 일이 어쩔 수 없이 동반되는 직종이 태반이에요. 기호품이 아니라 생필품처럼 돼버린 측면도 상당히 있습니다. 예술적인 글, 문학적인 글, 이건 사실 아무나 못 쓰죠. 시를 쓰거나 소설을 쓰는 건 좀 특별한 사람들이 하는 거예요. 그러나 산문을 쓰는 건 근육으로 하는 것이기 때문에 누구나 다 할 수 있습니다.

특히 생활 글쓰기 훈련법은 단순화시키면 두 가지예요.

하나는 아주 정확한 어휘와 훌륭한 문장으로 잘 쓴 책을 많이 읽는 거예요.

많이 읽을 뿐만 아니라 거듭 반복해서 읽는 겁니다. 이것이 굉장히 빠르게 글 쓰는 실력을 향상시키는 비결입니다. 인문 분야에서 존 스튜어트 밀의 『자유론』 같은 책은 평범한 일상적인 언어지만 고급스러운 문장과 탁월한 논리를 담고 있는 책이에요. 좀 두꺼운 책인데 칼 세이건의 『코스모스』 같은 책도 정말 훌륭한 책이에요. 저는 지금까지 그걸 다섯 번쯤 읽은 것 같아요.

문학적인 글쓰기를 하고 싶다면 『토지』 1부, 2부를 열 번쯤 읽는 것도 좋은 방법이에요. 그렇게 반복적으로 읽으면서 어휘, 문장, 서로 어울리는 단어 조합, 이런 것들이 자기도 모르게 입력이 되거든요. 외우라는 게 아니에요. 외울 필요가

없어요. 그냥 재밌게 읽고 잊어버리고, 읽고 잊어버리고 하다
보면 어느 순간 거기에 등장하는 많은 어휘와 표현 문장이
내 것이 되어 있다는 걸 알게 돼요.

●

다른 하나는 계속 쓰는 겁니다. 컴
퓨터 앞에서만 쓰지 말고 작은 메모
지, 수첩 같은 걸 갖고 다니면서 자투
리 시간이 날 때마다 하루에 30분만
아무거나 써보세요.

지나가는 풍경을 묘사할 수도 있고, 어느 카페에 있는데
맞은편에 멋진 남자와 예쁜 여자가 있다면 그걸 묘사해도 되
고요. 머릿속에 스치고 지나가는 황당한 생각을 적어도 돼요.
거기에 날짜를 적고 찢어서 계속 보관해보세요. 여러 달 그
렇게 한 다음에 오늘 적은 것과 몇 달 전에 적은 걸 비교해보
면 많이 달라졌다는 걸 느끼실 거예요.

축구로 말하면, 기초 체력이 없으면 드리블이나 슈팅이

안 됩니다. 하루에 30분간 매일 글을 쓴다면 매일 30분간 러닝을 하거나 단순한 축구 동작을 반복하는 것과 같은 효과가 있습니다. 그러면 근육이 생기잖아요. 그런 기본적인 근육이 생겨야 기술을 구사할 수가 있습니다. 하루 30분간 아무 글이나 적기를 1년간 하면 그 사람의 글쓰기 실력은 엄청나게 발전하게 되어 있습니다. 제가 그런 방식으로 글쓰기를 배웠거든요.

유시민(작가)

함께
읽으면 좋은
성장문답

! 비판과 오해를 받는 당신이 반드시 들어야 할 대답 30페이지
인생의 철학이 없어서 고민하는 당신이 반드시 들어야 할 대답 60페이지
지금 대학에서 헤매고 있는 당신이 반드시 들어야 할 대답 126페이지
역사 지식이 부족한 당신이 반드시 들어야 할 대답 186페이지

돈 모으는 재주 없는 당신이
반드시 들어야 할 대답

특별히 헤프게 쓰는 것도 아닌데 통장에 돈이 모이지 않는다는 분들 계시죠. 그렇게 묻는 분들에게 확실하게 말씀을 드립니다.

●

돈의 흐름을 잡아야 된다고요. 생애 주기에 따라서 사실 돈이 모자랄 때도 있고, 어느 시기가 되면 돈이 남을 때도 있습니다.

그때그때 상황에 따라서 돈이 흘러가는 흐름이 좀 다릅니다. 이렇게 말씀드리면 헷갈릴 테니 기업과 비교를 해볼게요.

어떤 기업은 이번엔 얼마가 남았다, 실적이 좋다 하는 이야기를 하는데, 반면에 어떤 기업은 부도가 나고 힘들다는 이야기를 합니다. 기업들이 어떻게 치열하게 운영되는지 살펴보면 우리 개인도 거기에서 배울 점을 찾을 수가 있어요.

기업이 처음에 설립될 때 돈이 없으면 투자를 받습니다. 가장 기초적으로는 주주들한테 투자를 받지요. 개인으로 따지면 부모님한테 도움을 받는 것과 같습니다. 이를테면 부모님은 주주인 셈이죠. 기업들이 재무활동을 할 때는 은행에서 돈을 받기도 해요. 개인은 부모님한테 지원받을 수 있고 은행에서 빌릴 수도 있으니, 아직 벌지는 않았지만 통장 잔고는 당연히 넘치겠죠. 그걸 가지고 우리는 당연하게 씁니다. 나이가 어리고 학교에 다닐 때는 학교 학자금에도 투자하고, 성년이 되면 취업활동을 하거나 어학연수를 가는 등 계속해서 투자를 합니다.

그러다가 개인적으로 사업을 할 때도 투자를 합니다. 재테크를 하겠다고 하면 주식을 사기도 하고 예금을 들기도 하고 투자활동을 합니다. 이렇게 투자를 하는 궁극적인 목적은 내가 좋은 학교를 나와서 좋은 회사에 취직을 하는 것이죠. 회사에 들어가서 월급을 받으면 드디어 생활 자금이 들어옵니다. 활동 자금이 들어오는 거죠. 기업에서는 이를 영업활동이라고 합니다. 일반 개인은 생활 자금이라고 할 수 있겠죠.

드디어 월급을 받으면 실제 생활비로 씁니다. 아껴 쓰고 하면 남는 자금이 생기기 시작합니다. 남는 자금, 한마디로 말해서 생활에 여유가 생기기 시작하면 이제 돈이 또 흘러갑니다. 그동안 받았던 걸 돌려줘야죠. 은행에서 학자금 대출을 받았거나 아파트에 투자하느라 대출을 받은 게 있으면 상환을 시작합니다. 기업이 주주에게 배당을 주듯 부모님께 용돈도 드려야 합니다. 그렇게 활동하기 시작하는 시기가 대부분 30대 중반에서 40대가 됩니다.

결국 우리 생애 주기에서 초기인 20대 초반까지는 계속해서 투자만 할 수밖에 없는 상황입니다. 벌어들이는 게 없으니까요. 이 시기에 너무 욕심을 부려서 부모님한테 받은 돈을 재테크에 쓰겠다고 하면 위험하겠죠. 빨리 생활 자금을 마련할 수 있도록 취업을 하거나 개인 사업을 시작해서 돈을 벌어야 되는 거죠. 그런데 40대가 되었는데도 아직까지 생활 자금을 마련하지 못했다면, 그리고 계속 투자만 하게 된다면 역시 통장 잔고가 없어지고 맙니다.

●

또 다른 문제는, 그동안 우리가 빌리거나 투자받은 돈은 언젠가 꼭 갚아야 한다는 거죠. 영원히 미룰 수는 없습니다. 그런 돈도 압박으로 다가오기 시작합니다.

예전에는 내가 활동해서 돈을 벌지 않더라도 부동산에만 투자하거나 좋은 주식에 투자하면 돈이 그냥 벌릴 때가 있었어요. 경기가 아주 좋을 때였지요. 그런데 지금은 그런 시대가 아니에요. 은행에 가보면 금리가 얼마나 낮은지, 3퍼센트도 거의 없습니다. 저금리 시대가 됐고, 이게 앞으로도 지속될 거라고 예상되기 때문에 그만큼 돈 벌기가 힘들어졌습니다. 이렇게 투자로 돈 벌기가 힘들어졌기 때문에 재무적으로 지출을 조금씩 줄여나가야 됩니다. 우리가 대출을 받는 것도 자제해야 하고요.

●

살면서 돈이 들어가는 시점은 개인마다 다르고 상황마다 다릅니다. 그런데 상황이 다를지라도 돈이 들어가는 시기별로 우리가 생활 자금이 부족하지 않은지, 잘 벌고 있는지, 또는 지금 투자가 많이 되고 있는지, 내가 가진 돈이 다 빚은 아닌지, 그렇게 돈의 흐름을 추적할 필요가 있습니다.

이걸 제대로 추적하지 못한다면 문제가 있다고 보는 겁니다. 이렇게 추적하는 것과 추적하지 않는 것에는 큰 차이가 있습니다. 통장에 잔고가 없을 때 잔고가 있게 하는 방법은 간단해요. 바로 대출을 받으면 됩니다. 그러면 통장에 잔고가 쌓이겠죠. 그러면 그 돈을 갖고 무얼 할 거냐가 문제로 다가옵니다. 대출 이자보다 높은 수익성 있는 투자를 해야 됩니다. 아니면 자기 자신에게 투자해서 연봉을 높이거나 사업을 한다면 거기서 또 돈을 벌어야 되겠지요.

그렇기 때문에 통장 잔고도 중요하겠지만 돈이 어떻게 흘러가고 있는지 추적해야 합니다. 자신이 번 돈을 가장 이상적으로 사용하고 있는지, 투자를 하고 있는지, 빌린 돈을 상환하는지 여부를 계속적으로 모니터링하는 게 중요하다고 생각합니다.

강대준 (회계사, 인사이트파트너스 대표)

함께
읽으면 좋은   **!**   지금 직장이 싫어서 창업을 고민하는 당신이
성장문답   반드시 들어야 할 대답 104페이지

성장문답

역사 지식이 부족한 당신이
반드시 들어야 할 대답

역사에 대한 교양이나 지식이 부족해서 어려움이 있다고 호소하는 분들은 대개 역사뿐 아니라 전반적인 분야의 지식이나 교양이 부족할 확률이 높습니다. 그러면 살아가는 데에 종종 애로사항이 있죠.

우선 두 가지 문제인데, 첫 번째는 안다는 게 사실 엄청 즐거운 거예요. 과학자들의 얘기를 들어보면, 우리 뇌는 모르던 것을 깨달았을 때 보상으로 엔도르핀이 나오게끔 설계되어 있다고 합니다. 두 번째는 사람들은 뭔가 많이 알고 정확히 아는 사람을 존중하고 존경하는 경향이 있다는 거예요.

우리가 사회생활을 할 때 타인에게 인정받고 존중받고 심지어 존경받는다는 것은 삶의 굉장히 큰 기쁨이거든요.

●

역사 지식이 없어서 애로사항이 있다는 것은 다른 사람들이 나를 '쟤 무식해' 이런 느낌으로 바라보는 것 같은 시선을 느낀다는 말이거든요.

그래서 교양과 지식이 부족하다는 것은 우리 인생에서 아주 중요한 아는 것의 기쁨과 타인의 인정과 존중을 받는 즐거움, 이 두 가지를 놓치게 합니다. 참 안타까운 일이지요. 이 문제를 해결하려면 공부를 해야 돼요.

●

지식을 넓히기 위해 공부한다고 말하지 말고, 그냥 깨닫는 즐거움을 누리기 위해서 공부한다고 생각하면서 책을 읽어보세요.

그것만큼 좋은 게 없어요. 다른 방법도 있기는 하지만 책만큼 좋은 게 없습니다. 역사에 한정해서 말하자면 흥미진진하게 기록된 역사서를 보는 게 좋아요. 우선 소설부터요. 『장길산』이나 『임꺽정』, 『토지』 같은 소설들. 외국 소설 중에는 『삼국지연의』나 『수호지』. 제일 좋은 방법은 흥미를 가지고 읽는 거예요. 그래야 재미있고, 많이 읽을 수 있어요.

역사에 대한 관심은 기본적으로 현실에 대한 의문에서 출발합니다. 현실에 관심이 없는 사람은 역사책을 읽어도 재미가 없어요.

살면서 그냥 막연히 '역사를 내가 잘 모르네'라고 느낄 수도 있지만, 그렇게 느낀 것은 현실에 대한 관심이 적기 때문이라고 저는 생각해요. 자기 자신의 삶, 생활, 이런 것에만 갇히지 말고 주변을 돌아보길 권합니다.

나뿐만 아니라 많은 사람이 관심을 가지고 있고 그 사람들의 삶에 영향을 미치는 여러 현실에 대해서 '왜 이렇게 되었지? 이렇게밖에 못 사는 건가? 그럼 다른 나라는 어땠고 옛날에는 어땠지? 앞으로도 계속 이렇게 가는 건가?' 이런 의문을 가질 때 역사서가 재미있어집니다. 왜냐하면 현실에 존재하는 모든 것에는 연혁이 있거든요. 그것이 좋은 것이든 아니든, 합리적으로 이해가 되는 것이든 아니든 간에 현실에 존재하는 모든 것은 그것이 그렇게 되어온 연혁이 있어요. 과거에서 축적되어온 것이기 때문이죠.

●

물론 그걸 알았다고 해서 현실을 당장 바꿀 수 있거나 이런 건 아니에요. 그러나 아는 것 자체만으로 현실에 존재하는 많은 문제에 대해서 어떤 인식 체계를 갖게 되고, 이해할 수 있게 되는 것이죠.

　제 경우에는 20대 때, '다른 나라는 민주주의를 하는데 왜 우리나라는 독재를 하지? 민주주의를 하는 나라들은 그전에 독재였는데 어떻게 민주주의로 가게 되었지?' 이런 관심 때문에 역사 공부를 시작했습니다. 프랑스가 민주주의의 원조니까 프랑스 대혁명을 공부하게 되었고, 독일은 옛날에 독재 국가였으니 독일사를 배우게 되었고, 중국과 러시아는 그 당시에 공산주의, 사회주의였는데 왜 저렇게 됐는지 궁금해서 중국 혁명사나 러시아 혁명사를 보게 됐고요. 역사를 공부할수록 관심이 더 과거로 가게 되고, 중세사도 관심을 갖게 되면서 그 영역이 자꾸 뻗어나갑니다. 기본적으로 역사에 대한 관심은 현실에 대한 관심에서 출발하는 거예요.

사람들이 역사에 대한 지식이 없는 사람을 깔보거나 별로 높이 평가하지 않는 이유는 그 사람이 단순히 지식이 없어서가 아니라 '이 사람은 살아가면서 다른 사람의 문제, 공동체의 문제에 대해서 관심이 없는 사람이구나'라고 생각하기 때문인 거죠.

공동체에 관심이 없는 사람을 별로 좋게 평가하지 않잖아요. 그래서 현실에 대한 관심, 그 현실이 만들어지게 된 연원, 이런 것에 호기심을 가지고 역사책을 찾아보면 재밌게 읽을 수 있는 게 많을 거예요. 관심이 없으면 재미도 없습니다.

유시민(작가)

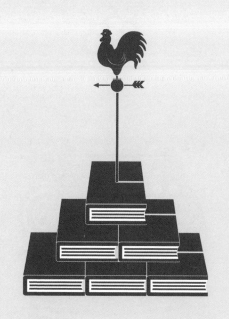

시사에 어두운 당신이
반드시 들어야 할 대답

정치나 정부 정책 등 세상 돌아가는 일을 보면 누가 옳고 뭐가 맞는지 모를 때가 많지요? 그런데 사실 이 말도 맞고 저 말도 맞는 거예요. 다시 말해서 경제 정책, 복지 정책 이런 것에는 100퍼센트 정답이라는 건 없어요. 결국은 다 취사선택하고, 우선순위를 정하고, 조금씩 절충해서 조합하는 거예요.

한 나라 경제가 굴러가는 세 개의 주체는 정부, 기업, 가계입니다. 이걸 3주체라고 합니다. 일반 가정에서 꾸리는 집안 살림을 생각하면 그게 곧 가계예요. 부모님이 월급 타거나 자영업을 하면 수입이 있을 거고, 생산 활동을 해서 수입이 있으면 얼마를 저축하고 얼마를 소비할 건지 결정합니다. 소비한다면 지금 차를 살 건지, 해외여행을 갈 건지 결정하고 그러면서 한 집안의 경제가 굴러가죠.

복지 정책, 경제 정책이라는 것은 정부가 나라의 살림살이를 하는 겁니다. 한 나라에서 국민으로부터 세금을 어디서 얼마큼씩 어떻게 걷어서 어느 분야에 얼마큼씩 투자할 것인가, 나눠줄 것인가, 이걸 결정하는 게 경제 정책, 복지 정책 등등이에요. 그러면 정부가 살림살이를 하면서 누구한테서 얼마큼 세금을 걷겠다, 그 세금을 어디에 얼마큼 투자하겠다, 이런 하나하나의 내용을 자신의 입장에서 곰곰이 생각해보면 '어, 이건 나한테 유리하네. 이건 나한테 불리하네'라는 게 떠오를 거예요. 자신의 이해관계에 따른 유·불리가 나오는 겁니다. 이것을 또 자신에게 당장 영향이 있는 유·불리와 장기적으로 영향을 미치는 유·불리로 나눠볼 수 있겠죠.

●

추상적으로 경제 정책에 대해서 어떤 정책이 좋고 어떤 정책이 나쁘다고 생각하는 게 아니라, 내 입장에서

무엇이 유리하고 불리한가를 따지는
식으로 정보를 접하고 공부를 해나가
는 것이 중요합니다.

나의 이해관계에서 무엇이 유리한가를 따져보고, 장기적
으로 그것이 나한테 유리한가를 따져보고, 사회 전체에 나
같은 사람이 더 많이 사는가, 나보다 돈 많은 사람이 많이 사
는가, 나보다 재산은 없지만 능력이 많은 사람이 많이 사는
가, 이렇게 구분해서 정부가 이런 정책을 썼을 때 사회가 어
느 방향으로 갈 것인가를 따져보는 거죠.

'이 사회가 이렇게 변하는 게 좋겠
다'라고 생각하는 것의 철학적 기초가
바로 자기 가치관입니다.

예를 들어, 힘이 있고 돈이 많고 능력이 많은 사람이 더 빠
른 속도로 이 사회를 앞에서 끌어갈 수 있어야 이 사회가 더

빨리 성장한다고 주장하는 건 옳은 주장일 수 있어요. 그런데 뒤처져 있는 사람들은 아무 보호를 받지 못하면 최소한의 생존도 못하기 때문에 그들이 어떻게든 생존은 하도록 도와야 한다고 주장하는 것도 옳은 주장일 수 있어요.

그러면 얼마만큼 그들을 도울 것이고, 얼마만큼 잘나가는 사람이 더 잘나갈 수 있게 도울 것인가, 그 정도를 측정해야 합니다. 즉 거기서 '나는 어려운 사람을 돕는 게 더 중요하다고 생각해' '잘하는 사람이 더 잘하게 하는 게 더 중요하다고 생각해' 이게 각자의 가치관이 되겠죠. 가치관은 죽어 있는 게 아니라 이 사회가 어떤 방향으로 변하는가에 대한 자기의 선호를 이야기하는 겁니다. 어떻게 보면 자기 선택인 거죠.

요즘은 인터넷에 검색하면 기사들이 많이 쏟아져 나옵니다. 기사의 제목만 보거나 가벼운 스트레이트성 기사만 읽어봐서는 내용을 잘 알 수 없는 경우가 많아요. 좀 충실하게 쓴 해설기사나 외국의 사례까지 인용해서 비교 분석한 기사를 보면 좋습니다. 거기에 추가로 우리 사회가 역사적으로 어떻게 변해왔고 지금 어느 단계에 있는지, 다른 나라들은 어떤 단계를 거쳤고 그 과정에서 어떤 정책을 펴왔는지 비교해볼

성장문답

수 있으면 더 좋겠죠.

●

한 가지 경계할 것은, 이건 맞고 저 건 틀리다며 딱 맞는 답을 찾으려는 태도입니다. 이 정당과 저 정당, 어느 정당 주장을 봐도 좋아지는 면이 있으 며 나빠지는 면이 반드시 있게 마련이 에요.

두 정당이 펴는 주장을 잘 섞을 수는 없을까 이런 고민까 지 해야 되거든요. 그래서 어떤 정책이 백점이거나 빵점이거 나 하는 건 없습니다. 취사선택하는 겁니다. 조합과 절충이 죠. 그런 점에서 각 정치 세력은 어느 정도 위치에서 어느 주 장을 펴고 있는지, 이렇게 한번 비교 분석해보시기 바랍니다. 이런 고민이나 문제의식 없이 그냥 '친구들이 다 좋다고 하 니까 나도 좋아' 이것만 안 하시면 좋을 것 같습니다.

정관용 (시사평론가)

유머를 공부하는 당신이
반드시 들어야 할 대답

어릴 때 친구가 하나도 없어서 항상 남들이 구슬치기나 딱지치기 같은 걸 하면 먼발치에서 부러운 눈으로 바라보곤 했습니다. 그런데 계속 이렇게 살 수 없다는 생각이 들어서 인기 많은 애들의 특징을 분석했더니 유머 있는 애들이 많더라고요. 그래서 나도 유머를 좀 기르자 생각했어요. 그 당시에는 지금처럼 유머에 대한 책도 없고 학원도 없어서 주변에 웃긴 애들이 있으면 그 애들이 하는 말을 받아 적으면서 틈나는 대로 연습을 했습니다. 수업 시간에 심심할 때마다 책 뒤에다 그걸 적어놨거든요. 그걸 보면서 '이 상황에서는 이렇게 말하자, 저 상황에서는 저렇게 말하자' 이런 것들을 연습했습니다.

그런데 지금 생각해보면 그 애들이 한 말들이 정말 유치한 말들이고 웃긴 말도 아니었어요. 그래도 그렇게 연습을 하고 한 10년 정도 지나니까, 유머가 좀 있는 사람으로 남들이 알아주기 시작했죠. 거기서 만족하지 않고 저는 더 열심히 유머를 연구했고, 대학에 들어가서도 그걸 포기하지 않았어요. 예를 들면, 술을 마실 때 웃긴 말을 하는 사람만 안주를 먹는다든지, 유머 연구회를 만들어서 친구들끼리 한두 시간 동안 뭔가 웃긴 말을 하나씩 해야 집에 갈 수 있다든지 이런 '지옥 훈련'을 좀 했죠.

제 유머 노트에 이런 말도 있었어요. 피뢰침에 대해서 배우는데 담임이 피뢰침 얘기를 하니까 어떤 여자애가 "우리 집에 피뢰침 있다"라고 말했는데, 그러자 옆에 있던 애가 "너 잘났다"라고 대꾸했어요. '너 잘났다'라는 말이 지금 보면 별거 아닌데, 이걸 써놓고 실전에서 막상 써먹으려니 그렇게 잘되진 않더라고요.

유머를 배우고 싶은 사람들이 초기에 쉽게 좌절하는 게 유머에도 썰렁한 게 많잖아요. 그 썰렁함에 대해 남들이 욕하고 비난하고 그럴 때 대개 포기하거든요.

몇 번 시도했다가 안 웃겨서 구박을 받으면 웃기는 걸 포기하고 사람이 삐딱해지잖아요. 그러고는 누가 웃기려고 하면 안 웃긴다고 욕만 하는 삐딱한 사람이 되는데, 그러지 말고 자신의 초심, 목표를 다시 생각하시길 바랍니다. '웃기는 게 목표였지. 이 정도 좌절은 당연한 거야.'

저 같은 경우는 다른 길이 없었기 때문에 그런 구박을 받으면서도 계속해서 유머에 도전했습니다. "타고난 재능 없이 노력으로만 되나요?"라는 질문을 많이 하시는데, 당연히 됩니다.

저는 어릴 때만 해도 개미 한 마리도 못 웃기는 사람이었는데, 웃겨야 한다는 강박 관념으로 20년을 살았더니 어느 순간부터는 경지에 이르게 되더라고요.

그런데 물론 이것도 재능이 있으면 더 좋지요. 전 재능이 없었고, 그 바람에 제가 방송에서는 통하지 않는 유머가 됐죠. 컬투 정찬우 씨 같은 경우는 어릴 때부터 동네를 다 휘어잡는 유머의 소유자였잖아요. 그러니까 지금 방송을 하고 있는 거고요. 그런데 제가 그렇게까지 웃길 필요는 없잖아요. 지금 기생충 학자 50명 중에서 상위 정도는 하니까 만족스러운 거죠.

서민(단국대 의대 교수)

함께
읽으면 좋은
성장문답 **!** 열등감을 극복하고 싶은 당신이 반드시 들어야 할 대답 142페이지

성장문답

소개팅에서
항상 실패하는 당신이
반드시 들어야 할 대답

제가 숱한 소개팅 실패의 경험을 되
새겨 본 후 내린 결론은, 애프터 못 받
은 사람들은 대체로 경직돼 있다는
거예요.

평소에는 사람들하고 이야기도 잘하고 자기가 관심 없는
여성이나 남성과는 엄청 자연스러운데 관심 있는 대상, 특히
상대가 괜찮고 마음에 들수록 경직되는 거죠. 보통 사람들이

경직되면 말을 두서없이 하고, 자신이 왜 그 말을 하고 있는지도 모르고, 묻는 말에도 대답을 잘 못하면서 소통의 부재를 초래하게 됩니다. 그러면 재미없어지게 되는 거잖아요. 경직이 문제인 것 같아요.

소개팅을 할 때 너무 안 되시는 분들은 내가 이성을 만나러 나갔다고 생각하지 말고 동성이나 내 형제라고 생각하고 대하는 게 좀 편할 것 같아요. 집에 들어가다가 편의점 누나 또는 동생과 잠깐 이야기한다고 생각하면 조금 경직이 덜 되지 않을까요.

그래서 원래 미팅 같은 걸 하면 생각 없이 나갔던 친구가 잘되는 경우가 많아요. 경직을 하지 않기 때문이죠. 나는 너무 경직돼서 말이 평소대로 안 나오고, 친구는 빨리 집에 가고 싶어서 언제 끝나나 하는데 그런 모습이 자연스러우니까 매력이 되는 겁니다.

이도 저도 어렵다 싶을 때는 상대방에게 반응만 잘해줘도 성공할 수 있을 겁니다. 리액션만 잘하면 되는 거예요. 우리가 누군가한테 호감을 느낄 때 잘 웃기고 말 잘하는 사람한테서만 느끼지는 않습니다. 그보다는 내가 힘들었다, 누구 때문에 열 받았다, 일이 잘 안 됐다, 너무 속상하다고 얘기할 때 그냥 "그래 그래" 하며 맞장구쳐주고 잘 들어주는 사람, 별 것 아닌 농담에도 실없이 웃어주는 사람한테 호감을 느끼잖아요.

소개팅에서 이도 저도 못하겠으면 반응만 잘해서도 아마 애프터가 들어올 겁니다.

어쩌면 상대방이 하는 이야기가 별 웃긴 얘기가 아닐 수 있어요. 그렇다고 하더라도 '세상에 저런 얘기를 소개팅에서 하다니'라고 생각하지 말고 그냥 웃어주는 거죠. 웃어주고 반응만 계속 해주세요. "진짜 그랬어요? 왜 그런 거예요?" 이런 식으로 상대가 더 신나게 이야기할 수 있게 받아쳐주면 좋아요. 좋은 인상이라는 건 내가 뭔가를 할 때만 주는 게 아니고 상대방의 이야기를 잘 받아들일 때도 심어줄 수 있습니다.

보통 뭔가 자신 있게 보여주려고 하다 보면 쉽게 실패하죠. 여자들은 너무 많은 말을 해서 실패하기도 하고요. 마찬가지로 남자도 너무 말이 많아지면 실수를 하게 되잖아요. 그래서 소개팅은 여운이 남아야 합니다. 길게 만나는 것보다는 조금은 짧게 만나고 '느낌 괜찮았어' 정도로 첫인상을 주는 게 가장 중요하다고 해요.

소개팅에서 실패하는 분들을 보면 일단 리액션이 없거나, 상대방이 한 이야기를 첫 만남에서 딴지를 거는 분들이 있어요. 예를 들어 첫 만남에 족발집에 갔다고 합시다. 장소가 마음에 안 들 수도 있지만 상대가 얼마나 힘겹게 골랐겠어요. 상대가 "여기가 원조입니다"라고 말하면 만약 원조가 아니어도 "어머, 원조라서 이렇게 맛있나봐요"라고 하면 좋은데, 기어이 포털 검색해서 "여기가 아니고 여기가 원조예요"라고 확인시켜주는 사람이 있습니다. 그러면 실패할 수밖에 없겠죠.

어떤 분들은 조사만 하고 질문은 안 합니다. 소개팅을 하고 와서 제대로 안 됐다면서 쓸쓸해하는 사람들 중에 이런 분이 있었어요. 소개팅에 나가서 '네가 무슨 말을 하나 들어보자. 얼마나 준비했는지 한번 보자. 대화의 기술이 있는지, 센스는 있는지 지켜볼 거야' 이런 자세로 상대방의 점수를 매기는 거예요. 그러면 상대방은 이미 다 느낍니다. 재미없고 피곤하니까 지레 포기해버리는 거죠.

저한테 지금 소개팅 하라고 하면 잘할 수 있을 거 같아요. 저도 정말 소개팅 못했거든요. 제가 실패했던 이유는 무표정, 무반응, 따지였습니다. 이 세 가지 코드를 조심하며 실전 소개팅에 적용해보면 어떨까요?

김지윤(좋은연애연구소 소장)

함께
읽으면 좋은
성장문답
연인과 '어디까지 가도 될지' 고민하는 당신이
반드시 들어야 할 대답 240페이지
권태기에 빠져 한눈팔고 있는 당신이 반드시 들어야 할 대답 302페이지

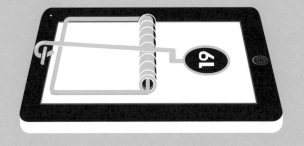

야동을 끊지 못해
점점 말라가는 당신이
반드시 들어야 할 대답

야동을 보고 싶은 것과 야동을 보면 기분이 싸한 것은 내 뇌가 정상적으로 작용하고 있다는 증거입니다. 그것 자체를 놓고 나를 이상한 인간이라고 생각하는 건 아니라고 생각해요. 야동을 보는데 아무 느낌이 없고 보고 싶지도 않다면 그게 비정상적이거나 나를 너무 위선적으로 통제하는 윤리 시스템을 갖고 있는 거죠.

야동을 보고 싶은 것은 아주 자연스러운 겁니다. 문제는 중독이라는 건데, 중독은 내 현실이 마음에 안 들 때 생기는 거거든요. 중독이라는 건 허상의 것이잖아요. 내 실제 생활에서 애인이나 아내한테서 성적인 쾌감을 느끼는 게 문제시되나요? 그건 좋은 거죠. 요즘 섹스리스 커플이 많아서 문제이지 섹스를 많이 하는 부부가 문제는 아니잖아요. 우리가 섹스를 많이 하는 부부를 성 중독에 빠졌다고 얘기하지 않잖아요.

그런데 내 현재가 마음에 들지 않았을 때 가짜의 삶의 빠져들어서, 거기서 대체로 충동을 느낀다는 게 문제인 거죠. 어느 정도 그런 걸 즐기는 건 전혀 문제가 없는데 진짜보다 가짜 세상에서 쾌감을 더 느끼면 정체성의 문제가 생기거든요. 내가 없어지는 거죠.

정체성이라는 건 관계 속에서 얻어지는 거거든요. 내 스스로 내 정체성을 정의할 수는 없잖아요.

누군가 나를 따뜻하게 바라봐줄 때 내가 괜찮은 것 같다는 거죠. 그러니까 조직, 내 속마음, 타인, 이런 관계 속에서 내가 튼튼해져야 되는데, 야동 같은 건 다 허상이잖아요. 그런 것들은 그 순간에 느낌은 비슷해요. 내 것이 아니라는 게 문제인 거죠.

이게 조금 더 지속되다 보면 내가 아닌 측면이 많아지니까, 허상인 나를 좋아하게 되니까 점점 더 허전해지죠. 허전해지면 어떻게 되나요? 역설적으로 더 센 허상을 만들게 되거든요. 그게 중독 용어로 '내성'이라는 겁니다. 더 큰 자극을 줘야 더 큰 쾌감을 얻을 수 있게 되는 거죠. 그런데 그 쾌감은 내가 노력해서 만든 내 실제가 아니다 보니 거기서 깨어날 때 더 큰 정체성의 고통이 오고, 그것을 다시 채우기 위해서 더 센 마약을 할 수밖에 없는 거거든요.

그래서 문제를 해결하는 전략이 두 가지 있습니다. 어느게 더 좋은 건지는 모르겠지만, 우선 문제를 분석해서 해결하는 게 하나 있습니다. 문제를 없애려는 전략이죠. 두 번째는 긍정적인 것을 극대화해서 부정적인 것을 좀 데리고 살더라도 그만이다 생각하는 방법입니다. 저는 후자가 훨씬 효과적이라고 봅니다.

왜냐하면 야동을 안 본다고 해서 내 삶이 행복해지는 건 아니거든요. 그냥 야동을 안 보는 삶일 뿐이죠. 야동 안 보고 아무것도 안 할 바에는 저는 야동을 보는 삶이 그나마 낫다고 봐요. 야동을 안 보면 멋진 삶인가요?

"나 야동 안 본다!" "우아! 네 삶 죽여주는데!" 이러나요? 야동을 보느냐 안 보느냐가 중요한 게 아니라 내가 어떤 삶을 사느냐가 더 중요한 거죠.

정리를 하면, 중독을 일으키는 욕망 자체는 절대 나쁜 게 아니라는 겁니다. 중독을 일으키는 욕망은 매우 정상적이고 소중하기도 한데, 이게 지나쳐서 현실을 없애면 안 되겠죠. 그렇기 때문에 본질적인 내가 지금 좀 지나친 중독이나 쾌락, 쾌감에 집착을 보이고 있다면, 현실의 나를 예쁘게 만드는 노력을 하는 게 중요하다고 봐요. 중장기적로는 내가 왜 사는지 묻고, 가치에 대해서 고민하는 것이 중요합니다. 단기

성장문답

적으로는 똑같습니다.

　야동이든 뭐든 무언가를 끊으려면 작게 시작을 해야 돼요. 그래서 월화수목금토일 다 봤는데 토요일은 안 보겠다, 이렇게 작은 것부터 시작해야 됩니다. 유치하지만 친구들한테 알려야 돼요. 그래서 "나 오늘 안 봤다" 그러면 "우아!" 뭐 이렇게 해야 자아 효능감이 늘어나면서 나를 바꿀 수 있죠. 그러면서 동시에, 내 현재에 행복할 수 있는 무언가를 또 만들어가야죠.

윤대현 (서울대 정신건강의학과 교수)

함께
읽으면 좋은 **!**
성장문답

콤플렉스 때문에 힘든 당신이 반드시 들어야 할 대답 18페이지
미움받을 용기가 없는 당신이 반드시 들어야 할 대답 84페이지
게임을 끊지 못해 고민하는 당신이 반드시 들어야 할 대답 112페이지
고통스러운 기억으로 힘들어하는 당신이 반드시 들어야 할 대답 148페이지
사과할 줄 모르는 당신이 반드시 들어야 할 대답 234페이지

6장

관계,
내 마음 같지 않은
남이지만

인맥 없는 당신이
반드시 들어야 할 대답

　　우선 대전제가, 인맥이라는 게 그냥 놀고 술 먹고 이런 관계는 아닐 거예요. 우리가 보통 "내가 인맥이 좋아"라고 얘기할 때는, 내가 필요할 때 도움을 요청할 수 있고, 나에게 진짜 도움이 되는 사람들의 덩어리를 인맥이라고 이야기합니다. 이걸 뒤집어 말하면 이렇습니다.

　　●

나 역시 남에게 도움이 되어야 인맥이 되는 거지요. 나는 다른 사람에게 아무런 도움이 안 된다면, 인맥이 많

을 수 없을 거라는 생각이 듭니다. 그
래서 기본적으로 내가 인맥을 확장하
려면 내가 주위 사람들한테 그들이
필요로 하는 무언가를 줄 수 있어야
된다고 봅니다.

만약에 제가 변호사로 주위에 알려져 있지만 그냥 노는 건
잘하는데, 막상 일을 맡길 수 있을 만한 신뢰는 없다고 한다
면 어떨까요. 그러면 아무리 아는 사람이 많아도 그 사람들
은 저한테 유용한 인맥이 될 수 없겠죠. 내 인맥을 키우기 위
해서는 내가 성장해야 된다고 봅니다. 내가 성장하지 않으
면서 인맥이 길러질 수는 없는 거죠. 내가 인간적으로 성숙
되고 실력이 성숙되면서 건강한 인맥이 만들어지는 것 같아
요. 그런데 정말 비사교적인 분들, 술 잘 못하시는 분들에게
는 SNS라는 장이 중요한 하나의 돌파구라고 생각합니다. 소
위 사회학자들이 강한 유대(Strong Link)와 약한 유대(Weak Link)
라고 표현을 하는데요. 강한 유대는 강한 연결 관계로, 대표
적인 것이 가족, 동창생, 직장 동료입니다. 약한 유대는 우연
히 동호회에서 알게 된 사람, 페이스북 등으로 약하게 연결

된 사람을 가리킵니다. 과연 둘 중에서 어떤 링크가 우리에게 더 많은 기회를 줄까요? 사회학자들의 말에 따르면 의외로 약한 유대라고 합니다. 우리의 예상과 좀 다르죠. 강한 유대에 너무 속박돼 있으면, 즉 항상 내 가족, 내 친척, 내 동창, 내 직장 동료에만 매몰되어 있는 사람은 발전이 없다는 겁니다. 이질적인 사람들을 만날 수가 없다는 거예요.

결국 사람이 앞으로 얼마나 성장할 수 있느냐 하는 것은 인맥 관리에 달려 있다고 생각해요. 인맥의 다양성을 확보하고 관계를 풍성케 하기 위해서는, 기존의 익숙한 링크가 아닌, 새롭고 이질적인 링크를 만드는 게 중요하다고 봅니다.

또 강한 유대에서는 자기를 좀 포장하거나, 새로운 모습으로 이미지메이킹을 하기가 어려워요. 그런 시도를 하면 주변에서 "야, 너 왜 그래? 하던 대로 해!"라는 반응이 오니까 새로운 자기 모습을 만들기가 어렵습니다. 그런데 새로운 링크에 노출되면 자기의 새로운 모습, 과거와는 다른 발전된 모습을 노출시킬 수 있고, 또 그 모습을 따라가기 위해서 노력하게 된다는 거죠. 이런 지속적인 자기 계발과 자기 성장이 좋은 인맥 확충에 가장 기본이라고 생각합니다. 일방적으로 받고만 있다면 그 관계는 결코 오래갈 수 없다고 봐요. 그래서 제가 쓰는 방법은, 내가 주위 사람들에게 줄 수 있는 게 무언가를 생각하고 주는 겁니다.

제가 하루에 업무를 다 보고 나면, 그 업무 중에서 콘텐츠로 만들 수 있는 게 아주 많아요. 업무를 돈 받고 그냥 끝내는 것이 아니고 많은 사람이 도움을 받을 수 있도록 윤색하고 콘텐츠화해서 SNS에 올립니다. 그러면 우선 저한테 많은 도움이 돼요. 한 번 스스로 피드백을 하고 갈무리가 되니까요. 그런데 그 콘텐츠들이 제가 알지 못하는 그런 많은 범위에까지 전파가 되더라고요. 예컨대 이런 메시지를 받는 거죠. "변호사님, 변호사님은 저를 잘 모르시겠지만 그동안 쭉 페이스북을 통해서 변호사님 글을 즐겨 보고 있었습니다. 그런데 이번에 그와 유사한 일이 생겨서 문의를 드리고자 합니다." 그래서 저는 인맥을 키우고 싶어 하는 분들에게 권해드

럽니다.

●

온라인이든 오프라인이든 나를 노
출시킬 수 있는 범위 내에서 내가 줄
수 있는 것을 작은 것부터 베풀라는
거죠.

만약 그렇게 SNS 활용을 잘 못하겠다고 한다면, 가장 가
까이 주위에 있는 사람들을 한번 돌아보세요. 그동안 띄엄띄
엄 봤던 그 사람들에게 필요한 게 과연 무얼까 생각하며 집
중을 하게 되면 뭔가 보일 거예요.

●

기본적으로 인맥을 확장하기 위해
서는 타인에 대한 관심을 가져야만
합니다. 내가 줄 수 있는 범위에서 주
위 사람들에게 가치(value)를 주기
(give) 시작하면 사람들의 필요가 보

입니다.

요즘은 그런 사람들이 드물기 때문에 무언가 선의를 가지고 베풀기 시작하면 처음에 한두 번은 왜 그럴까 생각할 수 있어요. 그렇지만 그게 누적되면 결국은 그 사람의 에토스, 즉 매력도로 연결되고 인맥의 기초가 될 겁니다. 그래서 저는 3개월이라는 시간이 주어진다고 하면, 그 3개월 동안 내가 과연 내 주위 사람들에게 뭘 해줄 수 있을까를 생각하겠습니다. 사소한 것부터 베푸는 것, 저는 그게 기본이라고 생각합니다.

조우성 (변호사, 기업분쟁연구소 소장)

잘못을 고치지 않는 친구 때문에
열 받은 당신이
반드시 들어야 할 대답

약속 시간에 상대방이 늦을 때 어느 정도의 불편함은 그냥 이해가 되는 수준도 있죠. 그런데 작은 불편함이 쌓이다 보면 화만 나는 것은 아니에요. 어떤 사람은 우울해지기도 해요. '바보같이 나는 왜 말을 못하지? 맞아. 내가 문제가 있어' 이렇게 반응하는 사람들도 있어요. 어떤 사람은 처음엔 괜찮았지만 한 번 두 번 쌓이다 보면 이게 터져서 화가 날 것 같은 때도 있겠죠. 그 타이밍을 잡는 게 중요할 것 같습니다.

모든 것을 애기할 필요는 없더라도 '이게 나한테 지금 어느 정도 불편함으로 다가오고 있구나. 내가 더 참다가는 저

사람하고 내가 원하는 좋은 관계를 유지하기가 힘들겠구나'
라는 판단이 올 때에는 얘기하실 타이밍인 것 같아요.

그런데 어떤 관계에 있어서 못마땅하거나 불편한 일을 경
험하게 되면 우리를 딱 가로막는 게 있습니다. 우리 인간의
기본 욕구 중에서 좋은 사람이 되고 싶은 마음이죠. 인정받
고 싶고 사랑받고 싶고 내가 좋은 사람으로 보이고 싶은 그
런 마음이 있는데, 그런 마음을 가지면 불만이 있거나 좀 속
상한 일이 있어도 알아주겠거니 하고 참습니다. 그런데 실상
은 알아주지를 않아요.

●

우리가 가끔은 표현을 할 필요가 있
는 게, 너무 꾹 참다가 표현을 하게 되
면 공격적이거나 판단하는 말로 할
때가 많아집니다.

그러면 듣는 사람은 그것을 공격으로 여기고 다시 받아치
거나 변명을 하게 되지요.

예를 들어 친구가 약속에 늦었는데 "야, 너는 왜 이렇게 맨날 약속 시간에 늦니? 도대체 넌 생각이 있는 거니?" 이렇게 톡 쏘며 얘기를 했다고 합시다. 그러면 친구가 어떤 식으로 나올까요. "내가 또 얼마나 맨날 늦었다고 그래? 내가 정말 맨날 늦었니?" 이렇게 나온다거나 "그게 아니라 버스가 안 와서…"라고 할 겁니다. 이 '그게 아니라'가 굉장히 사람을 더 화나게 만드는 말이잖아요.

이런 경우에 제 경험으로는, 우리가 하나 짚고 넘어가야 될 필요가 있다고 봐요. 우리가 흔히 자신이 무얼 원하는지 표현하는 것이 상대에게 부담을 준다고 생각하거든요. 그런데 정작 우리가 무얼 원하는지 얘기해주는 것은 상대방과 관계를 더 좋게 만들 수 있는 윤활유가 되고 선물이에요.

내가 뭘 원하는지 알면 상대가 더 편안해지거든요. 알아서 해주기를 바라는 것이 아니라 내가 뭘 원하는지 말하는 것은 상대에 대한 나의 선물이라는 것을 먼저 알았으면 좋겠어요.

내가 원하는 게 무엇인지를 알았다면 그걸 어떻게 표현하는지도 중요한 문제잖아요. 아까처럼 "넌 왜 맨날 늦고 그래?" 이렇게 대화를 시작하면 상대는 별로 내 마음을 알아주지 않을 거예요.

●

내가 원하는 것을 이야기하는 게 굉장히 중요하거든요.

예를 들어 친구가 약속 시간에 30분을 늦었어요. 나는 점점 화가 나고, 못마땅하고, 참을까 말까 고민을 하겠지요. 그러다가 이번에는 이야기를 하기로 선택했다면, 친구가 제시간에 오면 뭐가 좋은지를 한번 생각해보세요. 친구가 제시간에 오면 재밌는 영화를 보고 즐거운 시간을 보내겠죠. 만약 영화표도 깜짝 선물을 해주려고 준비했다면 깊고 친밀하고 즐거운 시간을 보내는 게 나한테 아주 중요했겠지요.

친구가 왔을 때 "나는 너하고 정말 즐겁고 좋고 행복한 시간을 보내고 싶었어. 네가 제시간에 와서 내 시간도 좀 존중받았으면 좋겠어" 이렇게 표현을 해보는 겁니다. 그리고 "다음번 만날 때는 우리가 3시에 만나기로 했으면 딱 3시까지 와줄 수 있겠어? 만약에 네가 부득이해서 늦는다면 최소한 나한테 1시간 전에는 얘기해줄래? 그러면 내가 다른 것을 할 수 있는 시간을 가질 수 있을 테니까"라고 말해보세요.

이렇게 자기가 원하는 것을 얘기하는 방법을 터득할 필요가 있을 것 같습니다.

박재연(Re+리플러스 대표)

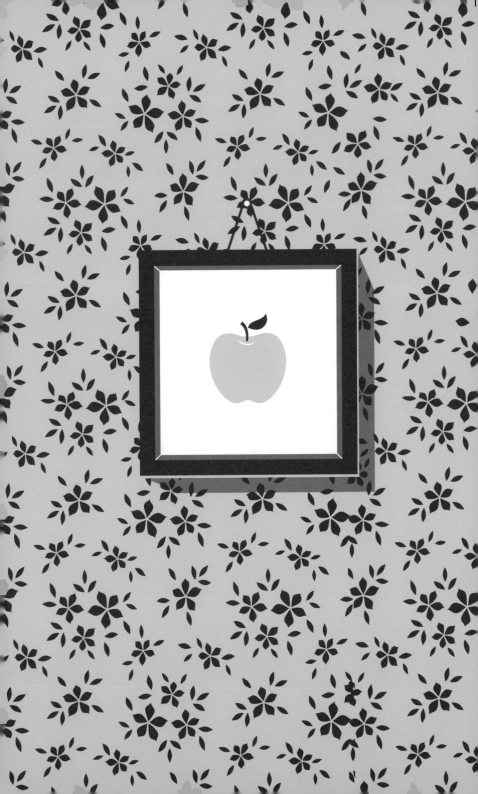

사과할 줄 모르는 당신이
반드시 들어야 할 대답

누구나 마지못해서 사과를 받아본 적 있으실 거예요. '내가 잘못한 게 있다면 사과할게.' 이건 사과가 아니죠. 기분이 더 나빠질 수밖에 없습니다. 어떤 형태로 사과할 때 가장 마음이 잘 전달될 수 있을까요?

'사과의 4단계'라는 게 있습니다. 첫째는 일단 미안하다고 하는 겁니다. '내가 잘못이 있다면' 이런 게 아니라 그냥 미안하다고 하는 겁니다.

둘째는 비슷한 맥락이지만 '내 잘못이다'라고 인정하는 겁니다.

●

우리가 보통 미안하다고는 하는데 '내 잘못'이라고는 안 할 때가 많습니다.

'미안해. 차가 막혔어.' '죄송합니다. 컴퓨터가 느려서요.' 이렇게 자꾸 핑계를 대거든요. 왜냐하면 사람은 본능적으로 자기가 제일 중요하기 때문에 자기 방어를 합니다. 그래서 일차적으로 핑계가 떠오를 수밖에 없어요. 그건 본능이죠. 어쨌든 자기의 본능을 억누르는 게 필요합니다. 자기 보호 본능과 어긋나서 내 잘못이라고 하는 게 쉽지가 않거든요.

세 번째는 재발 방지를 약속하는 겁니다. "여보, 어제 내가 늦게 들어와서 미안해. 내 잘못이야. 회식 때문이야." 이렇게 얘기하면 안 되고요. "내가 다시는 12시 넘어서 들어오는 일은 없을 거야." 이렇게 재발 방지를 약속하면 상대방이 훨씬 기분 좋고 잘 받아들인다고 합니다.

이렇게까지 해도 잘 넘어가지 않을 땐 네 번째가 아주 중요합니다.

●

뭔가 구체적인 보상을 제안하는 겁니다. '내가 어떻게 보상하면 될까?' 이런 거죠.

가끔 별것 아닌 일로 부부싸움을 하다가 아내가 화났을 때 실험을 해본 적이 있는데요. 마침 상품권이 있어서 "여보, 미안해. 상품권 줄게"라고 이야기하는 순간, 갑자기 아내가 자기가 무엇 때문에 화냈는지 생각이 안 난다고 그러더라고요. 돈이라는 게 요물이기도 하지만 사실 마음이 담길 수도 있거든요. 구체적인 걸로 보상을 해주려고 하면 갑자기 속상했던 감정이 훅 날아가는 면이 있습니다.

여기에 하나 더 팁을 드리면, 우리가 약속을 어기게 되는 경우가 많잖아요. 예를 들어 상대방이 "정말 미안해. 내가 그 날 못 만나게 됐어. 언제로 바꿀 수 있을까?" 이런 말을 많이 합니다. 그러면 우리가 보통 바쁘다 보니 "26일은 안 되고 28일은 어때?" 이렇게 말하는데, 그보다는 날짜를 세 개 정도 정해서 고르게 하는 게 굉장히 도움이 됩니다. 이것을 '선택의 자유(freedom of choice)'라고 하는데, 상대방이 나에게 선택의 기회를 줄 때 저 사람이 나를 굉장히 배려한다고 생각하게 되거든요.

우리가 업무 지시를 받을 때도 "이번 건은 이렇게 진행하는 게 어떨까? 좋을까?"라고 일종의 선택을 물어주면 그 안에 '어쨌든 좀 했으면 하는' 마음이 담겨 있더라도 기분 좋게 받아들이는데, "진행하는 게 좋겠다" 또는 "진행해라"라고 말하면 하기 싫어지지요. 바로 내 선택의 자유를 없애버리기 때문에 그런 마음이 드는 겁니다.

사람에게는 자유에 대한 욕구가 꽤 중요하게 작용하거든요. 세계사를 보면 인류가 자유를 얻으려고 흘린 피가 아마 태평양을 다 채우지 않을까 싶은데요. 그만큼 자유에 대한 강력한 욕구가 있습니다.

　그래서 약속 장소 시간을 옮길 때는 "28일, 30일, 31일 중에서 어느 때가 좋아?"라고 물으면 상대방이 '왜 자꾸 옮기고 그래?'라는 느낌 없이 섭섭한 미음을 덜 가질 뿐 아니라 심지어 '이 사람 괜찮은 사람이네' 이런 긍정적인 마음을 갖게도 할 수 있습니다.

윤대현(서울대 정신건강의학과 교수)

함께
읽으면 좋은
성장문답

！

콤플렉스 때문에 힘든 당신이 반드시 들어야 할 대답 18페이지
미움받을 용기가 없는 당신이 반드시 들어야 할 대답 84페이지
게임을 끊지 못해 고민하는 당신이 반드시 들어야 할 대답 112페이지
고통스러운 기억으로 힘들어하는 당신이 반드시 들어야 할 대답 148페이지
사과할 줄 모르는 당신이 반드시 들어야 할 대답 234페이지

연인과 '어디까지 가도 될지' 고민하는 당신이 반드시 들어야 할 대답

연인과의 스킨십을 '무조건 참는다'라는 관점으로 보면 참기 어려운 것 같아요. '참는다'가 아니고 참아야 하는 여러 가지 이유에 대한 고려와 사고를 하는 것이 필요해요. 좀 더 자극적으로 말하자면 계산을 하는 거죠. 요즘 사람들은 계산이 정말 철저하잖아요. 더치페이도 엄청 잘하고, 그런 애플리케이션도 나오는 것처럼 저는 성에 대해서도 계산이 굉장히 중요한 것 같아요.

내가 무조건 참아야만 하는 어떤 절대 진리의 차원이 아니라 이걸 했을 때의 플러스 요인들, 그리고 했을 때 일어날 수 있는 경우의 수에 대한 마이너스 요인들, 결과적으로 내 인생에 득이 되는가 실이 되는가, 우리 관계에서 득이 되는가 실이 되는가, 이런 것을 철저하게 계산했을 때 플러스 또는 마이너스가 나올 수 있다고 생각해요.

정말 철저하게 계산하면 무분별하게 달릴 수 있는 관계들은 그렇게 많지 않다고 생각하거든요. 실제로 많은 친구들을 만나보면 매력적이고 너무나 좋고 너무나 사랑했고 너무나 끌렸지만 계산을 철저하게 한 경우는 별로 없더라고요.

"그때 이렇게 헤어질 수 있다는 것에 대해선 생각해보지 않았어요?" "그것까진 몰랐어요." "극단적으로 임신할 수 있다는 생각은 안 해봤어요?" "임신이 그렇게 잘되는 줄은 몰랐죠." 이런 종류의 현실적인 계산들이 매우 중요하다고 생각되고요. 그런 스마트함이 필요한 것 같아요.

성을 너무나 로맨틱하게, 너무나 감성적으로 접근하는 것에 대해 저는 동의하지 않는 편이에요.

왜냐하면 성의 결과는 누군가에겐 굉장히 다큐멘터리잖아요? 이것이 나에게 로맨스로 시작되지만 결과는 매우 다큐멘터리일 수 있다는 계산, 감성과 현실에 대한 계산, 한번 뒤집어 생각해보는 계산이 있다면 참을 것인지 고려할 수 있겠죠. 내가 감당할 수 없는 범위라면 곤란하지 않을까요.

어떤 잡지 설문 조사 결과를 봤더니 20대가 가장 궁금해하는 게 이런 거였어요. "저희는 만난 지 일 년 됐는데 더 깊은 관계로 진행해도 되나요?" "저희는 22살이 됐어요. 더 깊은 관계로 진행해도 되나요?" 보통 더 깊은 다음 단계로 갈 것인가 말 것인가에 대한 기준이 나이 아니면 만난 기간이었어요. 그것보다는 둘 사이의 친밀함, 신뢰감 이런 게 훨씬 더 중요하겠죠. 물론 필수적으로 시간이라는 게 많이 필요할 수밖에 없기는 한데, 둘이 얼마나 친하고 얼마나 신뢰감이 있느냐는 얼마나 많이 싸우고 화해하고 이런 걸 해본 관계인가에 따라서 할 수 있는 스킨십이 다른 것 같아요.

또 스킨십을 하고 났을 때 그다음 감정이 중요한 것 같아요. 수치심을 얼마나 느끼는지, 죄책감을 얼마나 느끼는지. 자기 연민에 빠지지 않을 만큼의 스킨십이 좋은 것 같아요. 어쨌든 사랑해서 어디까지 만졌고 어디까지 스킨십을 했어요.

●

내가 이 스킨십을 하고 이 사람과 이별을 한다고 가정했을 때 '너 어떻게 나한테 이럴 수 있니? 네가 이럴 거면서 나를 만진 거니?' 이런 얘기를 하지 않을 수 있을 만큼이라면 본인이 감당할 수 있는 스킨십의 수위인 것 같아요.

능동적이어야 되고, 자기 결정권도 있어야 되고, 자기 자아가 손상되지 않아야 되고, 적어도 사랑이 아름다운 추억이 될 수 있어야 감당할 수 있는 스킨십이라는 생각이 들어요.

일반 분들은 연인 사이에서 굉장히 자유롭게 섹스를 하시잖아요. 저는 이런 게 좀 위험한 것 같아요. '우리는 이미 섹스를 한 사이야. 앞으로도 계속 헤어지기 전까지는 섹스를 할 수 있어.' 저는 여기에 대해서 이견이 있어요. 왜냐하면 지

성장문답

난 1월에는 섹스를 할 수 있을 만큼 친밀감이 있는 사이였는지 모르지만 3월에는 그렇지 않을 수 있거든요. 그렇다면 1월에는 그게 본인들에게 상처를 남기지 않을 수 있는 어떤 사랑의 행위일지 모르지만, 3월에는 사랑의 상처를 남길 수 있는 행위일 수도 있다는 거죠.

●

심리적인 친밀감이나 신뢰감은 그만큼 남녀 간의 스킨십에서 중요한 요소라고 생각이 돼요.

그런데 매력적이고 만지고 싶고 끌리면 자연스러운 것이 아니냐고 하는 관점이 많이 있어요. 물론 자연스럽죠. 스킨십을 너무 막고 그러는 것도 부자연스럽다고 생각해요. 그러나 적어도 최소한의 교육은 필요한 것 같아요. 처음에 아이들이 자랄 때 화가 나면 그 감정을 어떻게 주체할 줄 모르니까 던지기도 하고 누굴 때리기도 할 때 어른들이 가르쳐주잖아요. "그렇게 하면 안 돼. 화나지만 때리면 안 돼"라고 아이들에게 가르쳐주는 것처럼 "매력적이지만 만지면 안 돼. 끌리지만 만지면 안 돼." 그걸 가르쳐주는 교육이 10대와 20대 초반에는 필요한 것 같아요.

끌릴 때 만지는 것 외에 무엇이 필요한지, 끌리는 것 외에 관계도 필요한 거고, 사귀는 시간도 필요한 거고, 신뢰감도 필요한 거고, 책임감이라는 것도 필요한 거고, 만지고 나서 앞으로 얼마나 관계가 지속적일 수 있는가 그런 교육들이 필요하다는 생각이 많이 들어요. 어디까지 만질 수 있는가는 정말 고려해야 될 게 많다고 저는 생각합니다.

김지윤 (좋은연애연구소 소장)

함께
읽으면 좋은
성장문답

!

소개팅에서 항상 실패하는 당신이 반드시 들어야 할 대답 206페이지
권태기에 빠져 한눈팔고 있는 당신이 반드시 들어야 할 대답 302페이지

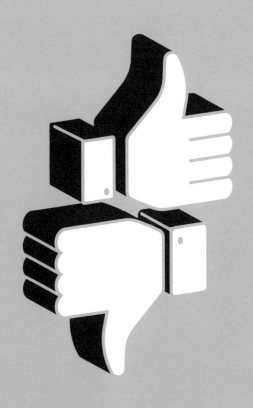

SNS에서 남들 잘사는 걸 보면
우울해지는 당신이
반드시 들어야 할 대답

사람들이 SNS를 하면서 느끼는 감정은 '나를 그럴듯하게 보여줘야 한다' 이런 생각을 많이 하는 것 같습니다.

●

근본적으로는 소통하는 도구로 SNS를 시작했는데 진정한 소통은 이루어지지 않고 어떻게 보면 자기 과시나 부러움, 질투 같은 것이 많이 있는 공간이 된 것 같아요.

내면에 오히려 공허감을 많이 느끼고, 자기를 남에게 그럴듯하게 보여줘야 한다는 생각 때문에 압박을 느끼고, 그 속에서 시기나 질투도 많이 느낀다는 보고가 최근에 많이 이루어지고 있어요.

●

우리가 일상적인 관계에서 소통을 할 때는 자기를 이렇게 멋있게 만들어서 그럴듯하게 보여주거나 정리해서 말하는 경우는 별로 없습니다.

평소에 친구들과 만날 때 정리해서 나를 이야기해야겠다는 생각을 해보신 적이 있나요? 누군가 술자리나 만남에서 자기를 멋지게 프레젠테이션하거나, 멋진 사진을 찍어왔다며 사람들에게 넘겨가면서 보여주거나, 그걸 정리된 문장으로 말하는 사람도 없거든요. 누가 만약에 그렇게 한다면 '쟤는 좀 특이하다' '쟤는 좀 과하다' 이런 말을 듣게 될 겁니다. 그런데 SNS에는 그렇게 정리해서 올리거든요.

자기가 괜찮은 모양인 것처럼 이러이러한 행동을 했다고 올리는 장면 중에는 별로 재미없는 장면도 있고 별 볼일 없는 것들도 있어요. 그중에 제일 좋은 것만 골라서 남한테 보여주고 싶어 하는 마음이 제일 크다는 생각이 들어요.

●

어떤 사람도 자기의 사생활을 다 남에게 보여주진 않아요. 그중에서 남에게 보이고 싶은 부분만 보여주고 있을 뿐이죠. 그런데 남에게 보여주고 싶은 부분이 거의 없을 수도 있어요.

사람마다 정도에 차이가 다 있을 것 같은데 '남이 많이 보여주니까 나도 보여줘야 된다' 이런 생각을 가질 필요는 없는 것 같습니다.

진짜 원하는 건 나도 남들에게 관심을 좀 받고 싶고 인정도 받고 싶고 교감하는 관계를 맺고 싶다는 욕망이거든요. 그 욕망은 건강한 욕망이에요. 물론 그걸 지나치게 탐닉하다

보면 너무 빠져들어서 관계 지향적으로 너무 남에게 맞춰주는 인생을 살게 되는 것 같아요. 사실 그런 사람이 너무 많습니다.

남한테 어떻게 관심받고 인정받고, 그 관계 속에서 자기가 중요한 인물이 되는 것에 매달리기 시작하면 점점 자기 자신이 사라지게 되고, 시간이 지나면 불행한 느낌, 공허한 느낌, 허전한 느낌만 남는 경우가 참 많습니다.

●

제가 볼 때는 일반적인 소통과 SNS 소통의 가장 큰 차이점은 공감하기 위한 소통이냐, 보여주기 위한 것이냐 라는 생각이 들어요.

일상적인 소통에서는 공감한다는 느낌이 없으면 더 이상 대화가 진행되지 않습니다. SNS에서는 '공감'이나 '좋아요'를 누르고 리트윗도 하고 관심글로도 누르지만, 그런 것들로 이 사람과 내가 진정으로 주고받는다는 느낌을 받는 경우는 드물어요. 단지 보여주고 거기에 반응하는 방식이죠. 그래서 '좋아요'를 많이 받는다고 하더라도 상대방과 내가 진짜로 교감했다는 느낌을 얻기는 쉽지 않을 겁니다.

그렇다 보니까 많은 사람이 지금은 자기의 어떤 장점이나 자기가 했던 일, 속상한 일이나 슬픈 일까지도 어떻게 하면 남한테 그럴듯하게 보여줄까에 집착을 하는 것 같아요. 소통과 대화의 가장 본질적인 부분은 서로 공감되는 그 느낌인데, 공감은 사라진 소통이 이루어지게 되고 오히려 소외감을 느끼게 되는 것 같아요.

SNS에서 소통하는 것도 일상적인 소통과 비슷하게 하면 어떨까 싶어요. 우선 그 사람에게 나도 반응을 보여주고, 누군가에게 하고 싶은 말이 있으면 간단하게 전달하고. 나를 멋있게 포장해서 보여주는 건 어리석은 생각이라는 걸 기억했으면 좋겠어요.

그래도 다른 사람이 멋있게 포장하면 '아, 저 사람이 다른 사람의 관심이나 인정을 받고 싶어 하는구나'라고 생각하고 가볍게 웃어주면서 반응도 해주는 거죠.

그런데 그건 그렇게 부러워할 일이 아니에요. 그 사람이 얼마나 관심과 인정을 받고 싶으면 그걸 멋있게 포장해서 나한테 보여주겠어요. 그 사람이 진정 바라는 건 그저 관심과 인정, '좋아요' 버튼일 거예요. 그럼 그걸 눌러줄 수 있죠. 눌러줄 수는 있지만 나도 그렇게 멋있게 보여줘야 한다는 강박은 가질 필요가 없다는 생각이 들어요. 그냥 교감을 나눌 수 있다면 좋은 것 같아요.

●

우리가 바빠서 현실에서 못 만나고 비록 사이버 공간에서 만나고 있지만 '이 사람은 나하고 교감해주는 사람이다, 나한테 반응해주는 사람이다' 이런 느낌이 전달된다면 좋은 것 아닐까요.

성장문답

사이버상이지만 서로 교감이 되는 순간이 있잖아요. 그 순간 하나하나가 소중하다는 생각이 들어요. 그걸 만들기 위해서 노력하는 게 오히려 SNS를 잘하는 게 아닌가 하는 생각이 듭니다.

서천석(정신건강의학과 전문의)

함께
읽으면 좋은
성장문답

행복하지 않은 당신이 반드시 들어야 할 대답 24페이지
돈이 없어 불행한 당신이 반드시 들어야 할 대답 44페이지
친구가 없는 당신이 반드시 들어야 할 대답 76페이지
쉽게 상처받는 마음 약한 당신이 반드시 들어야 할 대답 134페이지
공부 잘하는 옆집 아이와 비교하며 힘들어하는 당신이
반드시 들어야 할 대답 256페이지

공부 잘하는
옆집 아이와 비교하며
힘들어하는 당신이
반드시 들어야 할 대답

●

우리 사회는 아이를 부모의 성적표
로 생각하는 경향이 있습니다.

이런 인식은 유교 문화의 영향이 아닌가 싶습니다. 유교
적 사고선 자신의 일부가 자녀에게 넘어간다고 생각해왔
습니다. 자식을 통해 우리의 삶이 지닌 유한성을 뛰어넘는다
고 보았죠. 또 부모가 자녀를 어떻게 교육했는지에 따라 자
녀의 미래가 결정된다고 보았습니다. 부모가 훌륭하면 자녀

는 당연히 좋으리라 생각했죠. 부모가 자식에게 많은 영향을 주는 것은 맞습니다. 그러나 부모의 말이나 의도가 전달되기보다는 부모의 삶의 모습이 전달되는 것이고, 받아들이는 아이가 가진 특성 역시 부모의 교육만큼이나 중요하다고 생각합니다. 대단한 능력을 보이는 아이를 키운 부모들의 수기가 우리나라에서는 참 잘 팔립니다.

어릴 때부터 부모가 제대로 가르치면 아이들은 다 영재가 될 수 있다는 놀라운 이론도 인기가 있습니다. 제가 진료실에서, 또 외부에서 흔히 영재라고 불리는 아이들을 여러 번 만났습니다. 그중에는 사회적으로 제법 알려진 아이들도 있었죠. 그 아이와 부모를 보면서 든 느낌은 '이 아이는 누가 키웠어도 지금처럼 똑똑했겠구나'였습니다.

반대로 아이는 심각한 문제를 보이지만 부모는 좋은 분인 경우도 적지 않습니다. 인격적으로 성숙하고 사람들의 존경을 받으며 사시는 분들이죠. 그분들이 제일 힘들어하는 것은 '도대체 애를 어떻게 키웠기에 이 모양이냐' 하는 주변의 손가락질이었습니다. 아이의 문제에 대해서 부모의 양육을 탓하는 말이 자연스럽게 나오고 그러면 상처를 받지 않을 수 없죠. 이런 말을 들을까봐 아이에게 더 모질게 대하는 경우도 있었습니다. 그런데 제가 볼 때 그 아이는 '원래 그런 아이'입니다.

아이들 중 일부는 힘든 성장기를 보내는 아이로 태어납니다. 아이들은 날 때부터 갖고 태어난 부분이 참 많습니다. 대단한 능력에 성품도 온화하게 타고나는 아이가 있는 반면, 어떤 아이는 부족한 능력을 갖고 태어나고, 어떤 아이는 까다로운 성격을 갖고 태어납니다. 연구를 통해 볼 때 아이 열 명 중에서 한 명은 어느 부모가 키워도 힘든 아이입니다. 소아청소년정신과 의사가 부모여도 힘들죠. 반면 열 명 중에서 다섯 명은 어지간한 부모가 키워도 적당히 잘 자랍니다. 그건 마치 제비뽑기와 비슷합니다. 어떤 부모는 제비뽑기에서 좋은 제비를 뽑는 반면, 다른 부모는 나쁜 제비를 뽑습니다.

저는 좋은 제비를 뽑은 사람들은 좀 겸손하게 살아야 한다고 생각해요. 자신은 운이 좋은 거고, 다른 사람들이 부러워할 수 있잖아요. 그러니 사람들

의 시기심을 자극하지 말고 남을 배
려하는 마음으로 살아야죠.

그런데 우리나라의 분위기는 대체로 그렇지 않습니다. 그
걸 자랑하고 마치 자신이 잘나서 그런 것처럼 주변에 이야기
합니다. 심지어는 그런 내용으로 책을 쓰기도 하죠. 그렇게
나온 책을 많은 부모가 또 사서 봅니다. 그런데 아무리 사서
읽어봐야 소용없습니다. 우리 아이에게 적용하면 잘되지 않
죠. 그게 당연합니다. 아이가 다르니까요.

저는 똑똑하고 잘나가는 자기 아이를 키운 비법을 쓴 책
들을 보면 좀 짜증이 납니다. 겸손하지 않은 것 같고, 이렇게
까지 아이를 통해서라도 자신이 괜찮은 인간이라고 말하고
싶은 걸까 싶습니다. 대부분은 부모가 잘 키워서 아이가 잘
나가는 것이 아니거든요. 그분들에게 다른 아이를 맡기면 전
혀 엉뚱하게 키우는 경우가 많습니다. 제가 몇 번 그런 경우
를 봤습니다. 한 부모님이 있었어요. 아이 둘을 참 잘 키워내
셨죠. 이런 능력을 썩히지 않고 다른 아이들을 위해 쓰려고
입양을 하셨어요. 처음에는 자신감이 있었죠. 잘할 수 있다

고. 그런데 입양한 아이와는 쉽지 않았어요. 지금까지 해오던 방식이 잘 통하지 않고 아이가 계속 문제를 벌이는데 속수무책이었어요. 그러자 더 불안해지셨죠. 친자식들은 잘 키워놓고 입양한 아이는 엉망으로 키운다는 말을 안 들으려고 더 노심초사하며 노력하셨죠. 그럴수록 아이와의 관계는 더 틀어졌어요.

이 아이가 가진 한계가 있었는데, 그 한계를 뛰어넘게 하려고 욕심을 내고 무리한 노력을 한 결과 아이와의 관계는 더 나빠지고 결국 저를 찾아오게 된 거죠. 부모님이 그전에 키운 아이와 이 아이는 상당히 차이가 있고, 이 아이는 이 아이에 맞게 키워야 된다고, 부모님이 잘못해서 이 아이가 이렇게 된 것도 아니라고 이야기하면서 조금 마음이 편해지고 아이와도 관계가 개선됐습니다. 그런 경우를 아주 많이 봅니다.

반대로 큰아이를 키우면서 너무 힘들었던 분이 둘째를 키우면서 힐링이 되는 경우도 있었어요. 큰아이에게 문제가 많은 것이 부족한 부모 탓이라 생각해 더 이상 자식을 갖기를 거부했는데, 어떻게 하다 보니 생긴 둘째와는 너무나 잘 풀리는 거예요. 관계도 잘 맺어지고 아이도 밝게 잘 자라고. 큰 아이 문제가 부모인 자신 때문만은 아니었다는 것을 느끼면서 치유가 되는 부모들도 종종 만나게 됩니다.

●

아이들 각자가 갖고 있는 특성이나 능력, 자질이 분명히 있습니다. 이런 부분이 있다는 것을 인정하고 그 위에서 부모가 노력을 해야 합니다.

'내가 뭐든지 바꿔놓을 수 있다'라는 생각은 지나치게 자만한 생각, 너무 교만한 생각이라는 게 제가 바라보는 관점입니다. 내가 굉장히 힘든 아이를 가졌으면 기왕 가졌으니까 현실을 인정하고 이 아이에게 내가 도움이 될 방법은 무엇일까, 이 아이와 내가 같이 행복할 수 있는 방법은 무엇일까를 좀 더 집중해서 고민해보세요.

잊지 말아야 할 것이 있어요. 아이에게 부모가 하는 말이 다 전달되는 것은 아니지만 어려운 상황을 이겨내고 견뎌내려고 노력하는 태도, 어려움이 있지만 문제를 해결하고 극복

하려고 노력하는 모습, 긍정적인 자세로 삶을 성실하게 살아
가는 모습은 아이에게 분명히 전달이 됩니다.

아이에게 뭘 가르쳐서 능력을 만들기는 참 어렵다고 생각
해요. 그러나 부모가 삶을 살아가는 방식 자체는 전달할 수
있습니다. 그게 실은 엄청난 것이죠. 그러니 자녀에게 부모
는 대단한 영향을 미칩니다. 다만 내가 어떻게 키워서 아이
가 똑똑한 것이다, 아이를 내가 잘못 키워서 애가 이 모양 이
꼴이라는 생각은 하지 않으셨으면 해요. 실제 그렇지도 않고
요. 우리가 할 일은 지금 이 순간 부모로서 좋은 모습을 보이
기 위해 노력하는 것, 그게 전부가 아닌가 싶습니다.

서천석 (신경정신과 전문의)

함께
읽으면 좋은   **!**   행복하지 않은 당신이 반드시 들어야 할 대답 24페이지
성장문답   돈이 없어 불행한 당신이 반드시 들어야 할 대답 44페이지
               친구가 없는 당신이 반드시 들어야 할 대답 76페이지
               쉽게 상처받는 마음 약한 당신이 반드시 들어야 할 대답 134페이지
               SNS에서 남들 잘사는 걸 보면 우울해지는 당신이
               반드시 들어야 할 대답 248페이지

7장

가족,
기대가 많거나
실망이 크거나

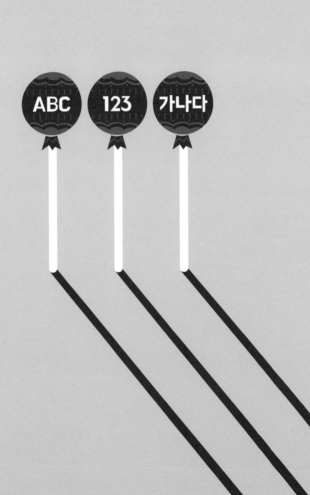

초등 자녀 공부로
걱정하는 당신이
반드시 들어야 할 대답

저희 집에 첫째가 올해 중학교 들어가고, 둘째가 5학년 되고, 셋째가 2학년 되고, 넷째가 7살이 되어 유치원에 다녀요. 저는 대입 전문가로 유명했던 사람인데 요즘은 초등학교 교육과정을 아주 잘 이해하게 됐는데요.

요즘 초등학교에 들어가면 엄마들이 굉장히 공포심을 갖습니다. 일단 수학이 옛날 수학하고 많이 바뀌어서 스토리텔링 수학이란 걸 합니다. 스토리텔링 수학의 취지는 아주 좋아요. 아이들이 수학적인 개념이나 이런 것들을 다양한 활동과 경험 속에서 익히게 해주려는 거죠.

실제로 미국이나 유럽에서는 그렇게 많이 합니다. 예를 들어 카드에 숫자를 써서 그걸로 놀이를 합니다. 스토리텔링 수학을 활동 수준에서 하고 그걸로 끝내요. 혹시 평가를 한다고 해도 아이들이 게임이라는 활동을 잘하고 있는지 선생님이 옆에서 보면서 평가하는 정도예요.

그런데 우리나라에서는 스토리텔링 수학을 모두 문자언어로 된 문제로 만들어버렸습니다. 저희 첫째가 작년에 초등학교 1학년이어서 스토리텔링 수학을 경험했는데 교과서에 4줄, 5줄짜리 문제가 나옵니다. 그러면 초등학교 1학년은 그걸 문자언어로 읽고 이해를 못하죠. 엄마들은 '어? 내가 옛날에 배웠을 때하고는 뭔가 달라지고 어려워졌네'라고 느끼지만 교과서가 잘못됐다고는 전혀 생각하지 않아요. 그리고 다른 집 애들은 그걸 다 해낸다고 생각해서 굉장히 조바심을 내고 자기 아이를 쪼게 됩니다. 또 사교육 업계에서는 그걸 활용해서 각종 마케팅을 합니다.

제가 드리고 싶은 말씀은 교과서가
잘못되었다는 겁니다. 교과서를 바꿔

성장문답

야 돼요. 그러니까 너무 쫄지 마세요.

이런 건 아이가 2년, 3년 지나면 저절로 다 알게 됩니다. 교육 과정에서 우리나라 교과서가 잘못된 거니까 너무 공포심을 가지지 마세요.

●

옆에서 아이를 그렇게 내버려두면 큰일 난다고 하는 옆집 엄마들이 있을 거예요. 그 옆집 엄마도 너무 무서워하지 마세요.

옆집 엄마, 별거 아니에요. 제가 수도 없이 많은 학생, 학부모와 상담을 해봤는데 강남 엄마들이 정보력 좋다는 말 안 믿습니다. 많은 강남 엄마들을 만나봤는데 나름 정확하고 괜찮은 정보가 있기도 하지만 진짜 쓸데없는 정보, 심지어 틀린 정보를 뒤섞어서 알고 있는 경우가 상당히 많아요. 맑은 물과 구정물을 섞어놓으면 결국 구정물이 되는 것처럼, 엄마가 알고 있는 정보가 완전히 뒤섞여서 실제로는 별 효과를 못 거두는 경우가 많습니다.

특히 세대차를 인정하셔야 되는데요. 요즘 특히나 애 키우기 어려운 이유는 우리나라가 경쟁이 심하기도 하지만 세대 차이가 극심합니다. 선진국에서 100년 걸릴 일을 우리나라는 20년, 30년 만에 해버린 게 너무 많아요. 그래서 내 아들딸이라고 생각하고 키우시면 안 돼요. 문화적으로는 두세 세대가 차이 나기 때문에 거의 증손자, 증손녀예요. 옛날 관념으로 애를 키우면 안 되는 거예요.

●

제가 학부모 강연을 하면서 꼭 드리는 말씀이 있는데, '하고 싶은 게 있는 아이들이 효자 효녀다'라고 말합니다.

초등학교 저학년 엄마들한테 이야기하면 고개를 갸우뚱하십니다. 그런데 중학생 정도 된 자녀를 둔 엄마들한테 이야기하면 다들 고개를 끄덕거립니다. 초등학교 때 도대체 무슨 일을 겪었는지, 아이들이 중학교 들어갈 무렵쯤 "하고 싶은 게 뭐니?" 하고 물으면 대답이 다 똑같습니다. "몰라요." "없어요." "좋아하는 과목은 뭐니?" "없어요." 대부분 그렇습니다.

제가 보기에 우리나라 교육의 가장 심각한 위기는 아이들에게 모티베이션(motivation)이 없다는 거예요. 모티베이션은 지기기 무언기 히고 싶은 마음, 되고 싶은 것, 배우고 싶은 마음을 말합니다. 이런 것들이 거의 다 없어진 상태예요. 실제로 '수학을 좋아하느냐'라고 49개국 학생들한테 질문한 조사가 있는데, 우리나라 학생들이 수학을 좋아한다고 답한 비율이 49개국 중에서 48등이었습니다. 과학은 49등이었고요.

아이들이 철저하게 모티베이션을 잃어버리는 과정을 초등학교 때 겪습니다.

이건 우리나라 교과서나 교육 과정의 문제이기도 하지만

많은 부분이 사교육 업계의 유혹을 너무 무비판적으로 수용한 엄마들의 책임도 분명히 있다고 봅니다. 저희 집 아이들에게는 영어만 사교육을 시킵니다. 그것도 아이를 마구 쪼아서 시키는 영어 사교육 기관에는 보내지 않습니다. 아이 개인에게 맞추는 게 제일 중요하다고 보기 때문에 유명한 데를 일부러 안 찾아갑니다. 그냥 애한테 맞는 데를 찾아요.

저희 첫째 같은 경우는 숙제하는 걸 엄청 싫어합니다. 그래서 학원 중에서 숙제를 제일 안 내주는 곳을 찾아 보내고, 그마저도 안 해가서 학원에다 "우리 애는 숙제 안 해가니까 알아서 그냥 지나가게 해주세요"라고 말하기도 했습니다. 그래도 영어는 많은 시간을 노출하면 도움이 되거든요. 너무 부담스럽게 아이를 다그치면 튕겨 나가거나 영어에 대해서 울렁증을 가지게 되죠. 그래서 최대한 영어에 노출하는 시간을 확보하는 방법으로 학원을 택한 거예요. 학습지를 택하기도 하고, 온라인 학습 프로그램을 활용하기도 하는 등 여러 가지 방법을 동원하시는데, 아이의 성향이나 흥미를 유지할 수 있는 선에서 하시면 되겠습니다.

저희 집 애들은 지금까지 학교 공부를 하면서 수학을 빼놓고는 문제집을 한 권도 안 풀어봤어요. 문제집을 푸는 게 중요한 공부라고 생각하시면 안 돼요. 왜냐하면 문제집을 풀면 그 단원의 점수는 올라가요. 그런데 문제집을 푼다고 해서 그다음 단원에 대한 대응 능력이 커지는 건 아니거든요. 문제를 푼다는 건 테스트를 하는 겁니다. 비유적으로 표현하면 그릇에 물이 얼마나 담기느냐를 테스트하는 거예요. 그런데 그릇에 물이 얼마나 담기느냐를 오늘 테스트하고, 내일도 테스트하고, 모레도 테스트한다고 해서 그릇 사이즈가 커지지는 않아요. 이건 전혀 다른 차원의 문제인 거죠.

그러면 그릇의 사이즈를 키우는 교육이 무얼까요? 이른바 역량 교육인데, 우리나라 교육이 너무 지식 중심으로 가는 경향이 있어서 역량을 키우는 기초 교육이 잘 안 됩니다. 우리나라 환경에서 제일 중요한 역량 교육은 역시 책을 가까이하는 거예요. 저희 집 같은 경우는 그 책을 다 돈 주고 샀으면 돈이 굉장히 많이 들었을 텐데 대부분 중고로 사거나 얻었습니다.

지금도 집에 가면 자기 전에 셋째, 넷째를 옆에다 눕혀놓고 책을 한 권 읽어줍니다. 한 권이기는 한데 너무 길면 중간에 접어놓고 "내일 또 읽어줄게" 하고, 술 마시고 늦게 들어가면 모레 읽어주고 그럽니다. 그렇게 하면 아빠가 일주일에 적어도 두세 번 정도는 10분, 15분 정도 책을 읽어줄 수 있을 거예요. 그런 경험, 그런 분위기가 굉장히 중요합니다. 그것을 통해서 의외로 아이들이 많은 것을 해결할 수 있어요.

이를테면 저희 집은 만화책을 보기도 하고, 이야기책을 보기도 하고, 지도나 도감을 보기도 해요. 이런 과정을 통해서 아이의 그릇 사이즈를 키우는 것이 제일 중요하다고 봅니다. 초등학교 때 몇 점 맞는지는 하나도 중요하지 않아요. 저희 집 아이들이 1, 2학년 때는 50점, 60점 많이 받았어요. 저희 첫째 같은 경우 지금은 100점 비슷하게 90점 대로 받거든요. 그런데 문제집은 수학 빼놓고는 한 번도 안 풀어봤어요. 그게 어떻게 가능할까요? 결국 그릇에 물이 얼마나 담기느냐를 재는 데 너무 조바심을 내지 말고 장기적으로 보고 그릇 사이즈를 키우는 다양한 경험과 독서활동을 해보시길 바라요.

초등학교 때 제일 중요한 건 딱 두 가지라고 봐요.

첫 번째는 독서활동, 즉 책을 부담 없이 친숙하게 가까이하는 것입니다. 두 번째는 자기가 좋아하는 것, 잘하는 것과 관련해서 많은 경험을 해보는 것입니다.

자기가 좋아하는 것, 잘하는 것과 관련해서 의미 있는 경험을 꾸준히 하다 보면 자기가 하고 싶은 게 생깁니다. 앞서 말씀드렸듯 요즘 효자 효녀의 기준은 '하고 싶은 게 있는' 아이들입니다. 그래서 중학교에 올라갈 무렵 "나는 이걸 하고 싶어요." "나는 여기에 관심이 있어요" 이렇게 말하는 아이로 만들어내면 초등학교 교육 성공인 겁니다.

이범(교육평론가)

함께 읽으면 좋은 성장문답 ❗

밑천이 없는 당신이 반드시 들어야 할 대답 52페이지
선택이 어려운 당신이 반드시 들어야 할 대답 92페이지
초등 자녀 영어 공부로 걱정하는 당신이 반드시 들어야 할 대답 276페이지

초등 자녀 영어 공부로
걱정하는 당신이
반드시 들어야 할 대답

　우리나라 사람들은 너무 많은 것을 똑같이 공부한다고 생각을 해요. 우리나라의 표준적인 공부는 그야말로 머릿속에 주입하는 거거든요. 그런데 영어는 언어이기 때문에 체득하는 것에 가깝습니다. 이를테면 미국 사람, 영국 사람이 왜 영어를 잘할까요? 태어났을 때부터 영어에 계속 노출되면서 습득해왔기 때문이에요. 결국 좀 거칠게 말하면 궁극적으로 나중에 영어를 얼마나 잘하게 되느냐는 그 사람이 그동안 겪었던 영어 총 노출 시간과 관련이 있습니다. 물론 개인의 재능에 따라서 조금씩은 다르겠지만 거의 비례합니다.

영어에 노출시키는 방법은 크게 두 가지로, 강압적으로 노출시키는 방법과 흥미롭게 노출시키는 방법이 있습니다. 장기적으로 어느 쪽이 지속 가능할까요? 강압적인 노출은 오래가지 못합니다. 저는 타워팰리스에 살면서도 영어 울렁증을 겪는 아이들을 많이 봤어요. 엄마들은 그런 걸 잘 모릅니다. 왜냐하면 성공한 사례만 보거든요. 모두 성공 사례만 자랑하니까요. 학원에서 플래카드 내걸고 언론에서도 보도합니다. 수도 없는 실패 사례는 바로 옆집에서 일어나도 모르고 지나가게 되고요.

결국 강압적인 노출은 한계가 있는데, 어릴 때는 특히 더 그래요. 흥미를 가질 수 있는 노출 시간을 늘려야 합니다. 이를 위해 엄마들이 자발적으로 노력한 결과 나온 게 '엄마표 영어'입니다. 엄마표 영어를 들여다보면 굉장히 다양한 활동들이 있어요. 어떻게 보면 잡다해 보입니다. 그런데 어쩔 수 없는 거예요. 흥미를 갖도록 영어 노출 시간을 늘리려면 한 가지만 해서는 힘듭니다. 아이가 곧 지루해지거든요. 그래서 자꾸 다른 걸로 바꾸는 거예요.

영어로 게임을 했다가, 영어로 노래
를 불렀다가, 영어로 이야기책을 읽었
다가, 영어로 애니메이션이나 비디오
를 봤다가, 이렇게 여러 가지를 동시
에 하는 거죠.

저희는 애가 많으니까 결국 영어 학원에 보냈습니다. 엄
마표 영어나 아빠표 영어를 하기가 너무 어려웠어요. 결국
학원을 보냈지만 유명한 학원을 보낸 게 아니라 흥미 위주로
아이들한테 다양한 노출 경험을 주는 사교육 기관을 찾아간
거예요. 그렇게만 할 수 있다면 그게 학원이든, 학습지든, 엄
마표 영어든 그리 중요하진 않다고 봐요.

영어는 공부하는 것이라기보다는
익히는 것, 습득하는 것이니까요. 언
어이기 때문에 꼭 학원을 보내라는
뜻이 아니라 어떤 방법이든 흥미를

가질 수 있는 노출 시간을 늘리는 방법이면 좋겠다는 겁니다.

이범 (교육평론가)

함께
읽으면 좋은
성장문답

!

밑천이 없는 당신이 반드시 들어야 할 대답 52페이지
선택이 어려운 당신이 반드시 들어야 할 대답 92페이지
초등 자녀 공부로 걱정하는 당신이 반드시 들어야 할 대답 266페이지

성장문답

말 안 듣는 자녀나
동생 때문에 고민하는 당신이
반드시 들어야 할 대답

꿈은 거창한데 정작 목표를 위한 노력을 하지 않는 사람, 가족의 충고는 잔소리로만 여기고 듣지 않는 사람, 이런 사람들이 많이 느끼는 감정이 무력감이거든요. 자기가 뭔가를 해낼 수 없다고 생각하는 패배주의이기도 하고, 자기에 대한 불신이 강하게 깔려 있어요. 이것은 실제로 성취해본 경험이 없기 때문일 거라고 봅니다. 분명한 것은 자기 효능감, 즉 '내가 뭔가를 해낼 수 있어'라는 것을 머리가 아닌 경험으로 확인한 계기가 없었을 겁니다. 그 친구가 그런 걸 경험할 수 있는 기회나 장이 주어져야 된다고 봅니다.

●

가족 입장에서는 잔소리를 계속 하게 되는데 사실 그 말 내용은 다 맞거든요. 잔소리의 특징은 맞는 말이고, 반복적이고, 감정이 섞여 있다는 공통점이 있다는 것입니다.

틀린 말이면 차라리 반박을 하겠는데, 맞는 말이고 자기도 알기 때문에 더 힘든 거예요. 그래서 잔소리 대신에 삶의 장을 바꾸고 새로운 도전 기회를 주는 것이 더 좋습니다.

●

도전 기회라고 해서 너무 거창하게 생각하지 마세요. 가족 관계 속에서 그 친구만 할 수 있는 것, 뭔가 다른 사람에게 기여할 수 있는 그런 일을 잘 살펴보세요.

성장문답

그 친구가 잘할 수 있고, 그래서 분명한 성과가 드러날 수 있는 그 무엇을 찾아야 합니다. 집안일 중의 하나, 청소를 할 수도 있고요. 집에 필요한 가전제품을 살 때 자문을 구할 수도 있어요. 자신이 진짜 필요한 존재라고 확실하게 느낄 수 있는 작은 계기 하나만 있으면 그다음부터 '나도 괜찮은 사람이네'라고 느낄 겁니다.

지금 스스로 굉장히 자괴감에 빠져 있다면 자부심을 기를 수 있는 그런 경험을 공유해야 된다고 생각합니다. 이 세상의 인간 중에서 100퍼센트 한심한 사람은 아무도 없습니다. 정말 조금이라도 좋은 모습이 있거든요. 그걸 찾아서 "정말 고맙다"라고 피드백을 정확하게 줘야 됩니다.

동생이 누구로부터 감사 표시를 받아봤나요? 진정으로 고맙다는 인사를 누군가에게 들어봤나요? 가족으로부터 그런 적이 있나요? 아마 인정받지 못했을 거예요. 인정받을 만한 데가 없다고 쉽게 이야기하는데, 부모나 형제들은 조금이라도 어떤 미덕이 발견되면 그걸 좀 부풀려서라도 칭찬을 해주고 인정을 해주세요. 입에 발린 말로 하면 안 되고 마음을 담아서 새로운 유대감과 신뢰를 형성하는 게 정말 중요하다고 봅니다.

지금 마음을 아무한테도 안 열고 있는데, 심지어 자기한
테도 열지 않고 있잖아요. 다 닫아두고 계속 현실로부터 도
피하고 자기를 들여다보지 않거든요.

좋은 기운을 순환시켜야 된다고 봐요. 지금 머리로만 계
속 문제를 지적하고 평가하고 판단하고 있는데, 어떤 사람
도 자기의 문제를 지적해주면 그걸 인정할지라도 그 사람과
는 가까이 있고 싶지 않습니다. 의사가 내 몸의 문제를 지적
하는 것과는 다릅니다. 우리는 몸에 대해서는 자존심을 걸지
않아요. 그런데 내 인격이나 내 삶의 모습에 대해서 누군가
가 평가를 하면 그건 그대로 나 자신과 동일시하게 됩니다.

그래서 저는 한 가지 제안을 하고 싶습니다. 만남의 장을
한번 바꿔보세요.

여행을 가보세요. 맨날 집에서 보다
가 다른 데서 보면 다른 모습이 보입

니다. 집에서는 대부분 좋은 모습이 잘 드러나지 않습니다.

집이라는 공간이 굉장히 사사로운 영역이기 때문에 이완 돼 있어요. 자기의 최선을 다하지 않게 되죠. 그런데 대부분 가족은 사적 영역에서만 만나요. 공적 영역이라고 해서 갑자기 엄청나게 거창한 데로 갈 수는 없다. 한나절이라도 머킬 시간을 내서 여행을 해보길 권합니다.

주의할 점은 그때 절대 잔소리를 하면 안 됩니다. 잔소리는 역효과만 불러옵니다. "난 네가 필요해"라고 오히려 거꾸로 어려움을 이야기하세요. '너 때문에 힘들어'가 아니라 '내가 이런 일로 힘들어서 고민인데 너 같으면 어떻게 하겠니' 라고 자문을 구하라는 거죠. 상담을 청하는 거예요. 그러면 동생 입장에서는 '누나가 나한테 이런 것까지 이야기하네' 싶어서 스스로 대견스럽게 생각하게 되죠.

●

지금 많은 사람이 어른이 되지 않고

있습니다. 아니 성장하지 못하고 있어요. 왜냐하면 어른이 될 기회를 주지 않으니까요.

항상 어린이 아니면 대상화시켜버리잖아요. 가르쳐야 되고 이끌어야 되고 훈계해야 되는 대상일 뿐이면 자신이 누군가한테 도움을 줄 수 있다고 생각할 수 없죠.

부모님과 누나가 너무 동생에게만 골몰하지 마시고 자기의 삶을 풍요롭게 하는 데 동생이 어떻게 기여할 수 있을까, 동생의 도움을 어떻게 끌어들일 수 있을까, 이렇게 생각을 바꿔보면 전혀 다른 출구가 생길 거라고 생각합니다.

김찬호 (성공회대 초빙교수)

함께
읽으면 좋은 **!** 감정노동 때문에 힘들어하는 당신이 반드시 들어야 할 대답 162페이지
성장문답

남편이 얄미운 당신이
반드시 들어야 할 대답

부부는 같이 살다 보면 뒤통수도 보기 싫을 때가 있습니다. 그러면 기억하셔야 됩니다. 우리의 사랑은 원래 결혼 후 3개월 만에 끝났다는 것을. 혹자는 이런 얘기를 하죠. "사랑하면 호르몬이 나오는데, 이 호르몬은 유효기한이 2년에서 3년이라고 하더라." 그런데 여러분이 아시는 것처럼 우리는 그전에 연애를 했다는 걸 잊고 있는 것 같아요. 이미 호르몬은 끝났어요. 한 가지 분명한 사실은 결혼생활은 결코 사랑만으로 이뤄지지 않는다는 거예요.

그렇게 말하면 사람들이 저한테 물어봅니다. "그러면 남

편을 사랑하지 않으세요?" 물론 남편을 사랑하지만 우리의
관계는 기술로 이뤄진다는 거죠. 이건 사랑의 여부가 아니에
요. 사랑은 옆집에서 주는 떡 같은 거예요. 있다가도 없고 없
다가도 생기고 그러는 거거든요. 예상할 수 없는 거죠. 한 가
지 늘 변치 않는 건 있습니다. 기술은 변치 않아요. 저는 일상
이 기술이라고 생각해요. 이렇게 추려보면 몇 가지가 나오더
라는 거죠. 그중에 한 가지는 얄밉잖아요. 그러나 지나갑니
다. 얄미운 순간이나 고통스러운 순간, 심지어 행복한 순간도
지나가요.

●

부부생활은 짧게 끝나는 단막극이 아니라 지루할 대로 지루한 대하 드라마입니다.

제가 볼 때는 540편짜리 드라마예요. 일주일에 한 번 하
는 540편인데, 그보다 더 길어질 경우가 훨씬 더 많아요. 긴
드라마의 여정에 3회만 있는 게 아니에요. 3회는 지나가고 4
회가 옵니다. 또 하나 우리가 기억해야 될 것은 지나가는 것

성장문답

뿐만 아니라 사람의 감정은 믿을 수 없을 만큼 변덕스럽다는 겁니다. 지금은 괘씸하잖아요? 그런데 예를 들어서 남편이 어느 순간에 너무 감동적인 이야기나 선물을 해줘요. 실질적인 선물도 있겠지만 마음의 선물도 있어요. 내 개인이나 친정, 또는 아이에게 무슨 일이 생겼는데 남편이 갑자기 두 팔을 걷고 나와서 어느 순간에 액션 히어로처럼 짠 해결을 했어요. 그러면 그 이전의 감정은 씻은 듯 사라지고 내가 언제 그런 생각을 가졌나 싶거든요. 사람은 이렇게 간사합니다.

또 하나는 기술을 쓰는 방법인데, 그 기술 중에 사람을 행복하게 하는 기술이 있어요. 상황을 좋게 만드는 기술이에요. 너무 어이없지만 한 번도 실패가 없는 기술입니다. 우리가 보통 미운 사람을 보고 웃기가 쉽지 않아요. 정말 미운 사람에게는 떡 하나 주고 싶은 게 아니라 똥물을 끼얹고 싶죠. 너무 미우면 얼굴도 쳐다보기 싫어서 딴 방으로 각자 들어가버립니다. 그러면 끝이에요. 거기서 누군가 한쪽의 에너지 변화가 없으면 이 부부의 관계 회복은 굉장히 어려워집니다.

이 사람이 밉기도 하지만 앞으로도 오랫동안 같이 살아야 될 사람이라면 이 방법을 써보자는 거죠. 괘씸하다고 생각될 때에는 이렇게 해보세요. 딱 3주간만 남편을 어쨌든 하루에 한 번은 볼 거 아니에요. 물론 이틀에 한 번일 수도 있어요. 매우 짧은 시간, 정말 찰나와 같은 순간 눈이 마주칠 겁니다. 그때 딱 쳐다보시고 "흥" 하고 웃으세요. 오해를 살 수 있으니까 입이 한쪽으로 기울어지면 안 돼요. 볼 때마다 좀 웃어 주세요.

우리 뇌가 얼마나 단순하고 바보 같은지 몰라요. 상대방이 나를 보고 웃으면 그때부터 고민을 합니다. '저 사람이 나한테 호감이 있나?' 물론 처음에는 비웃나 싶기도 하겠지만 저 사람이 나를 보고 왜 웃는지 고민을 시작합니다. 미움의 자리에 호기심이 들어오게 되는 거예요.

처음에는 연구하고 분석하면서 오해가 있을 수 있겠지만 반복적인 행동을 하면 상대방에게 갖고 있는 분노나 미운 뒤통수가 감소되면서 동시에 상대방도 나에 대해 호의적으로 돌아서는 걸 발견하게 될 겁니다.

배우자가 어떻게 변하는지 한번 확인해보세요. 확신컨대 3주 이내에 남편은 반드시 돌아옵니다. 표정이 돌아오고 눈

빛이 돌아옵니다. 그 돌아오는 과정에 제일 빠르게 내가 놀라게 되는 건 어느 순간 내 마음이 달라져 있다는 겁니다.

●

잘했다 잘못했다, 잘잘못을 가릴 것 없이 누군가 한쪽에서 건강한 에너지를 부여하기 시작하면 관계는 언제든지 회복 지점으로 가는 겁니다.

먼저 그렇게 하는 사람이 절대 비굴한 거 아닙니다. 그야말로 용감한 사람이죠. 그 사람이 진짜 사랑할 줄 아는 사람입니다.

이호선 (숭실사이버대학교 기독교상담복지학과 교수)

함께 읽으면 좋은 성장문답 ！ 성추행당한 경험 때문에 고민하고 있는 당신이 반드시 들어야 할 대답 154페이지
배우자가 꼴도 보기 싫어 각방 쓰는 당신이 반드시 들어야 할 대답 296페이지

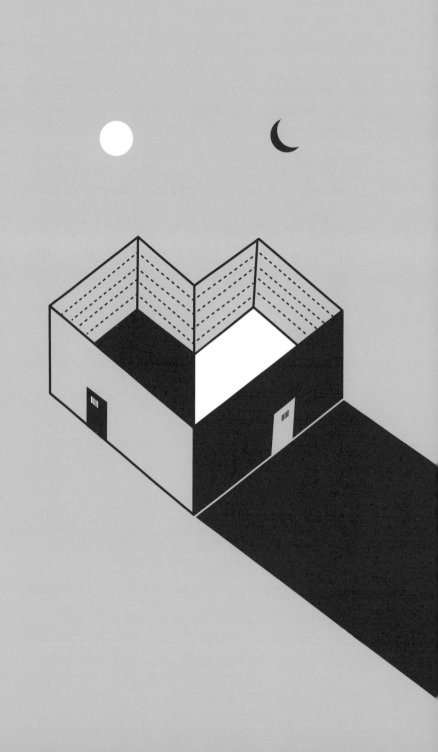

배우자가 꼴도 보기 싫어
각방 쓰는 당신이
반드시 들어야 할 대답

부부간에 심하게 싸우면 상대방이 너무 밉죠. 미우면 얼굴도 쳐다보기 싫어서 딴 방으로 각자 들어가버립니다. 그러면 끝이에요. 막 싸우다가 각자 방으로 들어가는 건 쉬운데, 이 방에서 또 다른 방으로 가기 위해서는 어마어마한 절차를 거쳐야 됩니다. 손잡이를 돌려서 방문을 열어야 되고, 문을 나서야 되고, 다른 방에 있는 손잡이를 잡기 전에 노크해야 되고, 노크한 다음에 대답이 있으면 좋지만 아니면 그다음에 문을 두드려야 되죠.

결국 싸우더라도 각방을 쓰지 않도록 많이 권하는 이유가 있습니다. 사람이라는 건 하룻밤 같이 자면, 그렇다고 부부 간에 잠자리를 하라는 건 아니에요.

●

같은 방에서 호흡만 같이 하고 자도 놀라울 정도로 부부 관계가 많이 완화됩니다.

반면에 사이가 안 좋아서 각방을 선택하면 그다음부터는 서로 마음을 공유할 공간이나 호흡조차도 없어지는 거예요. 그리고 각자 상상 속에 빠져들어갑니다. 각 방에는 그 방만의 상상이 있거든요. 각자의 방에서 두 개의 상상이 각자의 세계 속에서 강화되기 때문에 마치 다시는 돌아올 수 없는 강인 것처럼 서로를 오해의 끝으로 몰아가죠. 저는 그게 각방이라고 생각합니다.

부부 사이가 다른 관계보다 더 사과하기 어렵고 먼저 다가가기 힘들거든요. 보통 자존심 싸움이라고 해서 시간이 지나면 괜찮을 것이라고 말하는데 절대 그렇지 않아요. 에너지가 반드시 들어가야 되고, 그 에너지를 먼저 준다고 해서 비굴한 사람이 아닙니다. 용기 있는 사람, 사랑할 수 있는 사람, 그런 능력을 가지고 있는 사람이 에너지를 부여할 수 있어요. 그게 몹시 어렵고 비현실적인 이야기 같지만 그렇지 않습니다.

●

각방으로 들어산다는 건 끝이라는 이야기예요.

힘들지만 그 자리에 머물거나 제3의 선택, 이를테면 같이 걷거나 하는 방법을 택한다는 건 '너와 같이 살겠다'라는 표현입니다. 회복을 도모하겠다는 거예요. 회복을 도모하겠다는 의도를 배우자가 모를까요? 분명히 압니다. 한쪽에서 회복을 도모한다는 제스처를 취하기만 하면 그 부부의 회복 가능성은 어느 순간보다 빨라지죠.

미운 것도 종류가 가지가지고, 미운 정도도 가지가지예요. 저는 상담하러 오는 분들에게 꼭 물어봅니다. "예를 들어서 가장 미울 때가 1이고 가장 좋을 때가 10이라고 하면 지금 몇 점인가요?" 처음에 상담을 하러 오면 대부분 1이거나 마이너스라고 답합니다. 그러면 제가 과거에도 미워한 적이 있느냐고 물어봅니다. 당연히 있겠지요. 그러면 그때는 어떻게 괜찮아졌는지 물어봅니다. 회복 경험을 물어보는 거예요. 현재의 통증과 분노나 감정의 수위를 물어보는 것도 중요하지만 과거에 극복한 경험도 중요합니다. 도대체 무엇이 우리 부부를 다시 회복되게 했을까, 이것은 과거에 스스로 어떻게 일어섰는지 보여주는 치유 역사이자 치유 경험이거든요. 그러면 대부분 한 번도 생각해본 적이 없다고 대답합니다.

사람은 항상 현재 감정에 몰입하게 되어 있습니다. 화가 나서 이 사람과는 끝장이라는 생각이 들면 자기감정에 완전히 함몰된 거예요. 상담사는 평면도를 보는 사람입니다. 평면도는 천장에서 집을 내려다보는 거잖아요. 그렇게 평면도를 보는 것처럼 한 번이라도 자신과 배우자의 관계를 바라본 적이 있다면 그 부부는 앞으로 250년을 같이 살아도 문제가 없을 겁니다.

그런데 몰입이 되면 한쪽 방의 벽만 보이거든요. 내 배우자가 미울 경우에는 지금 얼마나 미운가 한번 생각해보고, 과거에도 비슷한 경험이 있었는지 생각해보세요. 연애할 때도, 결혼한 이후에도 미운 순간이 있었고 지독하게 싸운 순간이 있었을 거예요. 그때 어떻게 회복이 되었는지 생각해보면 우리 부부가 다시 회복하고 화해하고 새로운 고백을 할 수 있는 열쇠가, 바로 그 자리에 있을 겁니다.

이호선(숭실사이버대학교 기독교상담복지학과 교수)

함께
읽으면 좋은
성장문답

성추행당한 경험 때문에 고민하고 있는 당신이
반드시 들어야 할 대답 154페이지
남편이 얄미운 당신이 반드시 들어야 할 대답 290페이지

권태기에 빠져
한눈팔고 있는 당신이
반드시 들어야 할 대답

남녀 관계에는 반드시 권태기가 옵니다. 권태기가 안 오면 죽는다고 하잖아요. 뇌와 심장의 엄청난 호르몬 부조화로 사람이 사망에 이를 수도 있다고 합니다. 아주 자연스러운 현상이죠. 그러니까 권태기에 너무 집중하지 않는 게 중요한 것 같습니다. 사람이 너무 자아에 집착하면 우울증이 생긴다고 하잖아요. '우리는 무엇이 문제일까, 앞으로 계속 같이 갈 수 있을까, 우리 관계에 희망이 있나?' 이런 생각에 너무 빠져들지 마세요.

우선 권태기가 오면 '아, 올 게 왔구나, 봄 다음에 여름이 오듯이 권태기라는 시즌이 왔구나'라고 여기세요.

그리고 편안하게 '괜찮아. 모두가 다 이렇대' 하면서 서로 조금 거리감을 둬보세요. 서로에게 너무 집착하지 말고 서로를 좀 더 관찰하고 내 시간도 가지고 하다 보면 새롭게 서로에 대한 호감이 생기게 됩니다.

그런데 권태기가 왔을 때 '무슨 문제일까, 우리에게 무슨 문제가 있어서 권태기가 생긴 걸까?' 이렇게 너무 집착하기 시작하면 그 권태기 때문에 헤어지게 되는 것 같아요. 굉장히 사랑했는데 지금 내가 이 사람을 사랑하는지, 앞으로 계속 사랑할 수 있을지 모르겠다는 느낌에 대해서 고민하게 되죠.

어떤 사람들은 권태기가 자기보다 상대방에게 더 빨리 왔다고 느껴질 때 엄청난 거절감을 느낍니다. '아, 나를 버리는 거고 나는 혼자가 되는 거구나. 어떻게 사랑이 변하니?' 이렇게 생각할 수 있는데, 상대가 떠나지 않고 나에 대해 심각한 고려를 한다는 게 어쩌면 굉장히 정직하고 신중하고 의미 있는 고민일 듯해요. 그 시간을 통해서 상대방이 나에게 더 의미 있는 사람이라는 걸 깨달을 수 있다고 생각해요. 왜냐하면 그렇지 않다는 것은 고려 자체를 하지 않는다는 것이니까요.

●

싱싱히 가볍게 관계를 가지는 사람들은 권태기 때 다른 사람을 만나버립니다. 그러나 신중한 관계에서는 다른 사람을 절대 만나지 않아요.

그러면서 엄청난 감정 고민을 합니다. 그 고민이 해결되면 그만큼 더 깊어지고 중요한 사람이 되겠죠. 그리고 권태기를 인정하고 지나가면 반드시 각각의 연인은 심리적인 성장이 있기 때문에 극복할 수 있는 해답을 관계에서 찾게 되어 있습니다. 그 해답을 찾은 커플은 반드시 다음 단계로 나아가게 되죠. 그런 힘이 그 커플 안에 있습니다. 커플 스스로 그러한 답을 찾아갈 수 있도록 여유를 가지고 자기들의 관계를 관망하는 태도도 굉장히 중요한 것 같습니다.

가장 안타까운 게 첫 번째 권태기에 헤어지는 거예요. 의외로 그런 커플이 굉장히 많습니다. 20대에는 거의 대부분 첫 번째 권태기에서 헤어지거든요. 첫 번째 권태기가 왔을 때 대부분 새로운 상대에게 설렙니다. 그러면 너무나 순수한 20대들은 '이런 마음으로 너랑 계속 갈 수 없어' 이렇게 생각합니다.

저는 두 가지 감정을 잘 다루어야 된다고 생각해요. 인간이 죽을 때까지 가져가야 되는 숙명적인 과제라고 생각되는데, 반복되는 권태기의 문제와 반복되는 새로운 상대에 대한 설렘에 대한 문제를 잘 해결해야 된다고 생각합니다. 권태기가 자연스러운 일인 것처럼 내 짝꿍이 아닌 다른 사람에게 설레는 것, 내 마음과 내 의지와 생각과 계획은 이 사람과 가는 건데 예상치 않게 새로운 상대에게 설렐 수 있다는 거죠. 우리는 이런 것에 관해 교육을 못 받았어요. 설레는 순간 죄를 지었다고 느끼고 마구 혼란스러워지죠.

그런데 솔직히 사람이 누군가와 결혼을 해도 자기 배우

자 말고 더 매력적으로 느낄 수 있는 사람을 만날 확률은 어마어마하게 열려 있잖아요. 세계 인구가 얼마나 많고 사회적 기회가 얼마나 많습니까. 그럴 때 누군가에게 설렌다면 '내 심장이 아직 죽지 않았구나. 내 마음은 건강하구나' 하고 설레는 감정을 인정하면서도 소화할 수 있어야 합니다.

보통 '설렌다'라고 하면 이걸 어떤 비운의 운명, 거스를 수 없는 파도, 지진이나 태풍, 이런 식으로 생각한단 말이에요. 그것보다는 그냥 안개 정도로 생각하면 어떨까요?

안개가 끼면 앞이 흐릿해서 잘 안 보이는 것 같은데, 안개나 걷히고 나면 확실하게 보이죠. 이런 것은 누구나 경험할 수 있는 새로운 상대에 대한 설렘이라고 생각해요. 이걸 안개처럼 받아들이고, 안개처럼 느끼고, 안개가 걷히면 또 나는 내 길을 가는 정서적인 유연함, 그걸 포용하고 소화할 수 있는 능력을 갖췄으면 합니다. 또 그걸 예측할 수 있으면 더 좋겠지요.

당신은 분명히 권태기를 맞이하게 될 거고, 예측하지 못하게 누군가에게 설레어 잠이 안 오는 밤을 맞이할 텐데, 옆에는 아내나 남편이 누워 있을 거예요. 여전히 당신의 마음과 의지는 아내와 남편을 사랑하는데 당신의 심장은 누군가를 보면 뛰게 될 때, 당신은 어떻게 그것을 소화할 건가요? 이것에 대한 교육이 중요하다고 생각합니다.

이걸 스스로 굉장한 평지풍파라고 생각하게 될 때 어떤 부작용이 있느냐 하면 '이제서야 내 운명을 만났다'라는, 말도 안 되는 생각을 많이 하게 됩니다. 어떤 경우는 정말로 운명을 느끼는 사람을 만날 수도 있겠죠. 그런데 처음에 결혼했을 때 그 사람도 그 시점에는 다 운명이라고 생각했기 때문에 결혼한 사람이 대부분이에요.

지금 새로 운명의 상대라고 느껴지는 사람을 내 옆에다 갖다놓고 다시 결혼생활을 시작한다면 어차피 또 그

성장문답

상황은 바뀔 수 있는 게 보편적일 겁니다.

그래서 저는 권태기, 설렘, 이런 것들을 조금 자연스럽게 받아들이길 권합니다. 우리 인간이 유아기가 됐다가 청소년기가 되고 중년기를 거쳐 장년기가 되는 것처럼, 사랑도 생애 주기 같은 게 있는 것 같습니다. 설레었다가 권태기가 왔다가 너무너무 미웠다가 극복했다가 서로를 긍휼히 여겼다가 친구가 되었다가, 이런 식으로 어떤 곡선이 있는 것 같아요. 그걸 자연스럽게 받아들이는, 사랑에 대한 안목이 중요한 것 같습니다.

김지윤 (좋은연애연구소 소장)

함께
읽으면 좋을
성장문답 !

소개팅에서 항상 실패하는 당신이 반드시 들어야 할 대답 206페이지
연인과 '어디까지 가도 될지' 고민하는 당신이
반드시 들어야 할 대답 240페이지

세바시 팬이 묻고 프로듀서가 답하다

Q_ 지금까지 '성장문답'을 이루어낸 질문 중 가장 인상적인 질문은 무엇인지요?

A_ 잊히지 않는 질문들이 몇 개 있습니다. 한 젊은 여성이 보내주신 고민이었는데, 질문은 짧았습니다. '외롭다'라는 내용이었습니다. '가족과 함께 있어도' 외롭다고 하셨는데 이 질문이 자꾸 생각납니다. 어떤 분을 인터뷰해야 할지 아직 정하지 못했는데 꼭 답을 구해보려고 합니다. 지금까지 저희가 받은 질문 중 제일 짧은 질문은 "인생의 의미는 뭔가요?"라는 아홉 자짜리 질문이었고요, 제일 긴 질문은 진로

선택에 대한 질문이었는데 A4 용지로 3장이었습니다. 받은 질문들의 주제는 키와 몸무게, 섹스와 진로, 돈과 사랑, 성공과 행복 등 정말 다양한데요. 쭉 정리해보니까 '선택과 결정'에 대한 질문이 제일 많았습니다. 답변할 질문을 선정할 때는 주제와 연령대를 모두 고려하고 있습니다. 너무 한쪽 연령층에 치우치지 않으려고요. 제일 어린 질문자는 중학생이었고요, 어제는 시어머니를 모시고 사는 중년 여성의 질문을 받았습니다. 네, 성장문답은 모든 연령대가 좋아하고 또 필요로 하는 프로그램인 것 같습니다! 모든 인간은 '언제나, 계속, 더' 성장해야 돼서 그런 것일까요?

Q_ 가장 인상 깊은 '성장문답'의 명사는 누구일까요?

A_ '성장문답'을 거친 프로듀서마다 다 답이 다르겠지만, 저는 '패션 감각이 없는 당신이 반드시 들어야 할 대답'에 출연해서 답변해주신 패션 큐레이터 김홍기 님의 인터뷰가 제일 기억에 남습니다. 패션 전문 서적으로 꽉 찬 거실에서 인터뷰했습니다. "어떻게 하면 옷을 멋지게 입을 수 있나요?"라는 질문에 대해 르네상스 시대 미의 특징, 스타일이라

는 단어의 어원까지 거슬러 올라가는, 총 2시간짜리 특강을 해주셨습니다. 저희 프로그램이 5분짜리라서 눈물을 머금고 '엑기스 5분'만 남기고 1시간 55분을 잘라냈습니다. 자기 스타일을 갖는다는 건 멋진 옷 한 벌 구매한다고 끝나는 문제가 아니라는 걸 배울 수 있는 소중한 인터뷰였습니다. 항상 고민합니다. 뭘 자를까, 뭘 넣을까. 5분이란 시간은 너무 짧습니다.

Q_ 기획이나 촬영 단계에서 제작진의 느낌과 시청자의 반응이 비례하나요?

A_ 사실 어떤 편 반응이 좋을지 조금은 예상하는 편입니다. '초등 자녀 공부로 걱정하는 당신이 반드시 들어야 할 대답'이 그랬고요, 예상대로 유튜브 조회수만 23만 9,000을 넘었습니다. 바로 후속작 '초등 자녀 영어 공부로 걱정하는 당신이 반드시 들어야 할 대답'을 만들었습니다. 비교적 최근에 기획된 '인맥 없는 당신이 반드시 들어야 할 대답'에 대한 반응도 뜨거웠습니다. 요즘 우리 사회가 워낙 성공을 강조하는 사회이기에 어느 정도 예상했던 바였습니다. 반면에 '성

추행당한 경험 때문에 고민하고 있는 당신이 반드시 들어야 할 대답' 편은 성희롱, 성추행과 관련된 고민이 많이 들어오고, 또 이 문제가 우리 사회에서 심각하기에 높은 조회수를 기록할 줄 알았는데 현재 조회수가 그렇게 높은 편은 아닙니다. 아마 우리 안의 상처를 건드리는 부분이 있기에, 우리가 무의식적으로 피하는 게 아닐까 싶습니다. 항상 제작진 예상이 맞는 건 아닌 것 같습니다.

Q_ '성장문답' 영상에 항상 비슷한 벽면이 배경으로 보이는데 촬영 장소는 어디입니까?

A_ 화면에는 등장하지 않지만, 인터뷰를 할 땐 세 명의 스태프가 나갑니다. 질문하는 PD(출연자는 이 PD를 쳐다보며 말하게 됩니다), 카메라로 타이트한 원샷과 풀샷을 잡을 PD 각각 1인, 이렇게 총 3명이 나갑니다. 현장에 도착했을 때 제일 시간을 잡아먹는 건 '제일 예쁜 그림'이 나오는 각도를 찾는 일인데요. 화분을 옮기고, 소파를 옮기고, 책장을 옮기고, 모든 걸 다 옮깁니다. 장소 세팅하는 데 평균 1시간 이상 걸리는 것 같습니다. 저희가 섭외한 분들이 아기자기한 사무실을 갖

고 계신 분들이 아니라서 적당한 인터뷰 장소를 찾는 게 프로그램 제작의 숨어 있는 복병이었습니다. 결국 그냥 집에서 한 적도 있습니다. '성장문답'을 주의해서 잘 들어보면, 태어난 지 한 달도 안 된 아기가 옆방에서 우는 소리가 살짝 녹음된 편도 나와요. 스킨십에 대한 성장문답은 인터뷰 장소를 못 구해 '거룩한' 예배당에서 녹화를 했고요, 야동 중독 편은 사람들 지나다니는 병원 복도에서 했습니다. 다음 주에도 새로운 질문을 갖고 인터뷰하기로 돼 있는데 아직 장소를 구하지 못했습니다. 걱정입니다.

Q_ 가장 기억에 남는 시청자 리뷰가 있었다면 무엇일까요?

A_ "걱정 마 이거 보니까 너 정상이네~ㅋㅋ"라는 리뷰가 기억에 남네요. '야동을 끊지 못해 점점 말라가는 당신이 반드시 들어야 할 대답'에 달렸던 댓글입니다. 중소기업에 다니는 것에 대해 콤플렉스가 있다고 고민을 상담해온 분이 계세요. 이분이 '중소기업 직장인인 걸 부끄러워하는 당신이 반드시 들어야 할 대답'을 들으시고 몇 개월 후에 다시 메시지를 보내주셨어요. '대기업이 아니라 자신의 적성과 꿈에

맞는 회사로 옮겼다'라는 메시지였는데요, '성장문답'의 영향력을 실제로 보여주는 에피소드여서 무척 소중한 기억으로 간직하고 있습니다. 그런데 이분이 얼마 전 또 고민을 보내주셨어요. 같은 직장 내에 정말 못된 직원이 한 명 있어서 힘들다는 고민이었습니다. 우리의 고민은 정말 계속되는 것 같습니다! 파이팅!

Q_ 기획회의에 올라왔지만 아직 실행되지 않은 '성장문답'의 질문과 명사가 있다면요?

A_ 저희의 출연자 선정 기준은 '전문성과 실력'입니다. 유명 인사만 섭외하는 것은 아닙니다. 그래서 당장 유명하지 않으셔도 질문에 필요한 답을 해주실 수 있는 분이라면 출연 요청을 합니다.

Q_ 시청률과 매출(?)을 의식하는 '세상을 바꾸는 시간, 15분' 제작진이 반드시 들어야 하는 대답'이 있다면요?

A_ 시청률(조회수)과 (콘텐츠)매출. 세바시팀의 좋은 콘텐츠가 지속 가능하기 위해서 필요한 두 가지입니다. 혹시 지금 이 책을 구매하기 전에 이 글을 읽고 계신 분이 있다면 그분에게 듣고 싶은 답이 있습니다. 책을 당장 구매하겠노라는.

Q_ 영상으로 기획되고 제작된 '성장문답'이 책으로 나왔습니다. 이띠신기요?

A_ 영상이 줄 수 있는 매력 외에 대답을 '손'으로 쥐어보고 읽는 맛도 무시 못할 거 같습니다. 내 마음을 건드렸던 대답을 곁에 두고, 만져보고 싶을 때 언제나 만져보는 그 맛이요!

Q_ '성장문답'이 넘어야 할 과제가 있다면요?

A_ 친구 사귀기, 사람들 앞에서 말 잘하기, 다이어트 요요 현상, 애완동물 고르기, 고부간의 갈등 등 참 다양한 질문들을 지금도 받고 있는데요. 제작 속도가 질문 들어오는 속도를 따라가지 못하는 게 제일 큰 문제인 것 같습니다. 현재

는 금요일에 한 번 업데이트하고 있는데요, 일주일에 두 편을 업데이트하는 날이 어서 왔으면 좋겠습니다.

Q_ '성장문답'에 질문하고 싶은 분들께 한 말씀 부탁드립니다.

A_ 나를 성장시키는 질문은 '남들이 중요하다고 하는 질문'이 아니라 '내가 힘들어하는 질문' '내가 궁금해하는 질문'이라고 생각합니다. 서슴지 말고 여러분의 소박하고 솔직한 질문을 많이 보내주세요! 아래에 소개하는 채널 중 여러분이 즐겨 사용하시는 채널을 통해서 댓글이나 메시지로 질문해주세요. 모든 질문은 익명으로 소개됩니다.

세바시팀 신동주 PD

- 유튜브   http://www.youtube.com/성장문답
- 페이스북   http://www.facebook.com/answer2u
- 카카오스토리 http://story.kakao.com/ch/answer2u
- 트위터   http://twitter.com/cbsanswer2u

성장문답 내 삶을 성장시키는 물음과 대답

펴낸날	초판 1쇄 2015년 11월 20일
	초판 2쇄 2015년 12월 21일

엮은이	세바시
펴낸이	심만수
펴낸곳	(주)살림출판사
출판등록	1989년 11월 1일 제9-210호

주소	경기도 파주시 광인사길 30
전화	031-955-1350 팩스 031-624-1356
기획·편집	031-955-4662
홈페이지	http://www.sallimbooks.com
이메일	book@sallimbooks.com

ISBN   978-89-522-3280-9 03300
세바시북스는 (주)살림출판사의 임프린트입니다.

이 도서의 국립중앙도서관 출판시도서목록(CIP)은 서지정보유통지원시스템 홈페이지
(http://seoji.nl.go.kr)와 국가자료공동목록시스템(http://www.nl.go.kr/kolisnet)에서
이용하실 수 있습니다.(CIP제어번호: CIP2015029768)